NOUVEAU VISAGE DU MONDE FRANÇAIS

NOUVEAU VISAGE DU MONDE FRANÇAIS

SECOND EDITION

Louis L. Curcio
Marie E. Galanti
Catherine Hughes
Elizabeth W. Williamson

Houghton Mifflin Company • Boston
Dallas • Geneva, Illinois • Hopewell, New Jersey • Palo Alto • London

ILLUSTRATIONS

Cover photo by Dorka Raynor

Library of Congress Catalog Card Number: 80-50966

ISBN: 0-395-30978-6

PREFACE

Nouveau Visage du monde français, Second Edition is a contemporary, conversationally oriented reader designed for French courses at the intermediate level. The news magazine format focuses on everyday social, economic, political, and cultural forces at work in the French-speaking world, including French Canada, Africa, the Antilles, and even Louisiana (where the French cultural influence remains strong). The readings have been selected and adapted from popular magazines and newspapers: *L'Express, Le Point, F Magazine, Le Monde, Jeune Afrique, Le Journal Français d'Amérique,* etc.

Nouveau Visage du monde français provides an interdisciplinary perspective to language acquisition: students must *use* their French to obtain information about real events and about subjects that relate to other areas of academic interest. The organizing theme of the book is "new images" or profiles of the francophone world.

The Second Edition retains the update, magazine-type format of the First Edition, but, in keeping with the contemporary tone of the book, it has forty new readings and many new photographs and pieces of realia. In addition, the exercises have been rewritten and more communicative, open-ended types of exercises have been included. The vocabulary is now grouped by reading, rather than by the chapter as a whole, for ease in locating new words in context.

The book is divided into seven "new image" sections: the first four sections focus on French daily life, socio-economic conflicts, social life, and the popular arts (movies, TV, music). The last three sections deal with the Antilles, Africa, and North America. These sections do not have to be taken in sequential order, but can be chosen to meet the needs and interests of the class. Within each section there are two to four chapters, each heavily illustrated with photographs, line art, cartoons, and realia (advertisements, menus, etc.). Each chapter is accompanied by vocabulary lists and appropriate exercises.

All words not included in *Français fondamental Ier degré* (those words most frequently taught in first year French) are listed with their English equivalents at the end of the chapter where they first appear. The end glossary contains all the words defined in the chapter.

There are six different types of exercises. *Questions sur le texte* are designed to measure comprehension and retention of the selection read. *A votre avis* allows students to present a point of view with reference to the topics in the readings. *Utilisation du vocabulaire* develops an awareness of word relationships and allows students to use new words in context. *Rôle à jouer* is designed to encourage students in guided free expression through role-playing. *Discussion / composition* is meant to elicit the use of active vocabulary in open-ended classroom discussion and in individual written compositions. The *Projet* is designed to allow students to pursue special interests and to explore in greater depth issues raised in the readings.

The initial idea for *Nouveau Visage du monde français* goes back more than ten years when France and the French world seemed to be coming alive in ways unsuspected until that time. The language itself seemed renewed to project this new feeling. This was the feeling we tried to convey in the First Edition of the book. Since then, we have all learned to understand and, in some cases, to accept that France is no longer a museum country where we take students on summer courses, that French Canadians use another name, that Africa is making its claim to our modern way of life. This is the feeling we wish to communicate in this Second Edition of *Nouveau Visage du monde français*.

We are grateful to the teachers who used the First Edition and who gave us many helpful suggestions for preparing the Second Edition. We are also grateful to the students in our respective institutions who have kept us aware of the change of attitudes and the different interests that influence their lives. These teachers and students, as well as the readers of the *Journal Français d'Amérique,* have guided our choice of topics in this new edition.

L. C., M. G.

TABLE DES MATIERES

4

NOUVEAU VISAGE
DES ARTS POPULAIRES

5

NOUVEAU VISAGE
DES ANTILLES

6

NOUVEAU VISAGE
DU MONDE AFRICAIN

7

NOUVEAU VISAGE
DE L'AMERIQUE

1

NOUVEAU VISAGE DE LA VIE QUOTIDIENNE

Chapitre 1

Carrefour
Empire des hypermarchés

Carrefour, magasin à grande surface, à Caen-Hérouville

Carrefour
Nous nous battons pour être moins cher

"Chaque mois, Carrefour se soumettra au verdict de l'Ifop.

L'indice des économies sera, chaque mois, le résultat d'une comparaison des prix observés dans plusieurs grandes surfaces d'une même région.

Les magasins Carrefour ont accepté de se soumettre à l'indice. Un Carrefour peut donc avoir le meilleur indice de sa région, ou être égalé, ou être devancé.

Dans tous les cas, que les résultats leur soient favorables ou pas, les 45 magasins Carrefour s'engagent, vis-à-vis de l'Ifop, à les rendre publics, intégralement, magasin par magasin. Ils en prennent le risque.

Jean-Marc Lech, Directeur Général de l'Ifop.

"L'Ifop crée l'indice des économies.

Depuis trente ans, l'Institut Français d'Opinion Publique vous informe – sondage après sondage – des opinions, des attitudes, des réactions des Français face aux grands sujets qui les concernent.

Aujourd'hui, leur grande préoccupation, ce sont les prix. C'est pourquoi, à côté de l'indice officiel des prix qui indique les variations du coût de la vie, l'Ifop crée un nouvel indice : l'indice des économies.

Cet indice devrait fournir aux Français des éléments d'information permettant de défendre leur pouvoir d'achat. En effet, l'indice des économies est un nouvel outil de mesure des prix. C'est un instrument de comparaison portant sur les prix de 430 produits identiques observés dans plus de 200 magasins à grande surface.

Ainsi, chaque mois, l'indice des économies sera le résultat de 90.000 observations de prix pratiqués sur des produits de consommation courante.

Les 45 magasins Carrefour ont décidé de se soumettre au verdict de cet indice. Chaque mois, l'Ifop établira un communiqué des résultats, – magasin par magasin – les 45 magasins Carrefour s'engagent à le rendre public – intégralement – que l'indice leur soit favorable ou pas. Ils en prennent le risque.

Jean-Marc Lech, Directeur Général de l'Ifop.

Carrefour se soumet à l'indice.

Personne n'a pu m'en guérir

" Mon dada, c'est la bande dessinée. Personne n'a pu m'en guérir, ni Kant, ni Hegel, pas même Freud.

Mais quel casse-tête pour trouver mes chers albums, sans compter qu'une telle passion semble toujours suspecte. Surtout pour un prof de philo.

Ma providence, c'est Carrefour, avec son rayon livres. Là, ni vu, ni connu, je feuillette. Depuis que je l'ai découvert, je suis toujours volontaire pour faire toutes les courses.

Au rayon livres, j'ai même rencontré un de mes élèves : il potassait une encyclopédie. Il m'a salué. Ce soir-là, je suis reparti avec les « Pensées » de Pascal... On en riait encore avec ma femme, au rayon disques : son dada à elle - pardon son violon d'Ingres - c'est Bach. "

Le rayon livres de Carrefour présente en permanence le classement des best-sellers. Tous les titres en vedette bénéficient d'un prix promotionnel. Même chose aux disques pour les succès du hit-parade.

Carrefour ◖✦◗

Un Pionnier des grandes surfaces

Au dix-neuvième siècle, la France lançait une toute nouvelle formule pour faciliter les achats. L'idée était simple: réunir sous un seul toit tous les articles que l'on trouverait normalement dans des tas de petites boutiques. A cette découverte, on a donné le nom de «grand magasin». La formule a plu tout de suite, et bientôt le reste du monde s'est mis à copier la France et ses magasins à rayons.

Pourtant les Français ont attendu la deuxième moitié du vingtième siècle pour appliquer la formule aux magasins d'alimentation et de discount. C'est d'Amérique que la vague des supermarchés est venue. Parmi les innovateurs français qui ont importé l'idée, notons Marcel Fournier, Président-Directeur Général de la chaîne de magasins Carrefour.

La première époque, époque de grands efforts héroïques, commence en 1960. Marcel Fournier, l'aîné de dix garçons, autodidacte, vendait jusque-là, dans la mercerie familiale, des boutons à la pièce et des élastiques au mètre. Un voyage aux Etats-Unis décide de sa vocation: il découvre l'importance du commerce en périphérie des villes et anticipe la révolution du discount.

En 1960, il rencontre les frères Defforey, grossistes en épicerie. Ils s'associent. Utilisant les compétences de chacun, les trois hommes vont tenter d'ouvrir un magasin où les petits pois côtoient le textile. Leur premier essai, en 1961, sur une trop petite surface, est un échec. Dès lors, Fournier voit grand, et de plus en plus grand. En 1963, il lance le premier hypermarché français. C'est la course au gigantisme. Trois ans après, il ouvre la plus grande surface de France.

L'expansion est foudroyante. Fournier ouvre jusqu'à cinq «hypers» par an. Aujourd'hui, l'empire Carrefour est devenu le numéro un de la distribution privée française, le plus agressif, donc le plus critiqué. Le crédo de Marcel Fournier: la guerre des prix.

Mais en 1973, on vote une loi en France pour freiner l'ouverture de grandes surfaces et pour protéger les petits commerçants. L'âge d'or des hypermarchés est terminé en France. La chaîne Carrefour crée beaucoup moins de nouveaux magasins. Et la concurrence est plus dure.

Que faire maintenant? «Nous avons eu une vie trop facile. Maintenant, il faut se battre: on peut toujours améliorer l'assortiment, les prix, la rotation des stocks», avoue le directeur d'un magasin.

Mais, surtout Carrefour est parti à l'assaut des marchés étrangers: l'Espagne (quatorze magasins) et le Brésil (cinq). Prochaine étape: les Etats-Unis.

Adapté d'un article de *L'Express*

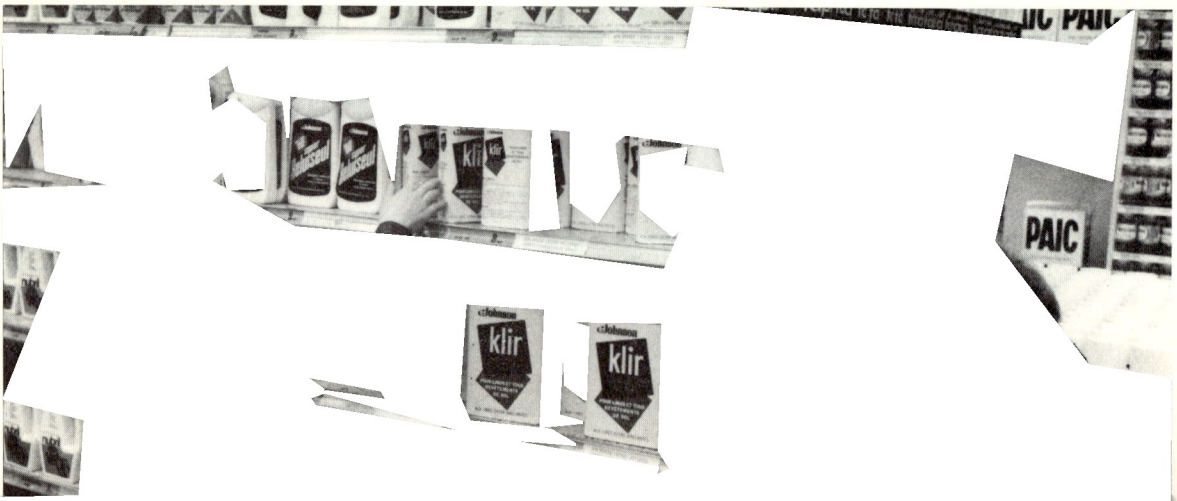

Questions sur le texte

Un Pionnier des grandes surfaces

1. Quelle formule d'achats la France a-t-elle lancée au siècle dernier?
   purchase   launched   century

2. Qui a eu l'idée de magasins d'alimentation et de discount en grande surface?
   grocery-nurishment

3. Quelle était la formation de Marcel Fournier? Pourquoi son voyage aux Etats-Unis a-t-il été si important?
   backround

4. Comment se sont développés les magasins Carrefour?

5. Quel a été l'objectif de la nouvelle loi de 1973? Quel a été son effet sur les hypermarchés et sur la chaîne Carrefour?

6. Pour l'expansion future, quelles solutions les magasins Carrefour voient-ils en France et dans d'autres pays?

A votre avis

1. Que pensez-vous du dada du prof de philo? Quels sont les avantages du rayon livres de Carrefour? Y a-t-il des rayons de livres dans les hypermarchés américains? Sont-ils pareils à ceux de Carrefour?

2. Comment expliquez-vous le succès en Amérique et en France des grandes surfaces discount comme Carrefour, K-mart et autres?

3. Pourquoi a-t-on voté une loi pour limiter l'expansion des grandes surfaces en France? Quels sont les avantages et les désavantages d'une telle loi?

4. On dit que Marcel Fournier est autodidacte. Est-ce qu'il y a autant d'autodidactes aujourd'hui qu'il y en avait autrefois? De nos jours, est-ce difficile pour un autodidacte d'avoir du succès?

aussi beacoupe de
plus d'occasion

5. Que pensez-vous du crédo de Marcel Fournier: la guerre des prix? Est-ce juste? Pourquoi ou pourquoi pas?

Utilisation du vocabulaire

1. Expliquez l'emploi du mot *grand(-e)* dans les phrases suivantes:

    a. Dès lors, il voit **grand,** et de plus en plus grand.
    b. A cette découverte, on a donné le nom «**grand** magasin».
    c. Il ouvre la plus **grande** surface de France.

2. Faites une liste de tous les mots et expressions qui veulent dire la même chose que *grand magasin.*

Rôle à jouer

Marcel Fournier habite maintenant en Californie. Imaginez que vous êtes journaliste et que vous allez l'interviewer. Préparez une liste de huit questions, au moins, que vous aimeriez lui poser au sujet de sa vie, ses affaires et sa philosophie. Ensuite, posez vos questions à un(e) camarade de classe qui peut (1) jouer le rôle de M. Fournier ou (2) donner ses propres opinions.

Discussion/ composition

Carrefour est devenu le numéro un de la distribution française. On dit qu'il est le plus agressif, donc le plus critiqué. Que pensez-vous de cette observation? Est-elle vraie pour les personnes aussi bien que pour les corporations? Donnez des exemples où l'agressivité risque d'être critiquée.

Projet

Depuis quelques années, de nombreuses compagnies françaises se sont lancées sur le marché américain. Faites une liste des produits français vendus dans un des grands supermarchés de votre ville et présentez les résultats à la classe. N'oubliez pas de chercher aux rayons des fromages, des vins et des bonbons.

Vocabulaire

«Personne n'a pu m'en guérir»

bande dessinée *f.* comic strip
bénéficier de to profit by
casse-tête *m.* chore *(handwritten: problem)*
classement *m.* rank, rating
dada *m.* hobby
faire des courses to run errands, go shopping
feuilleter to browse, leaf through

permanence *f.:* **en permanence** without interruption, permanently *(handwritten: elegant toujours)*
potasser to pour over; to study
rayon *m.* department *(handwritten: etudier)*
suspect, -e suspicious *(handwritten: chfrairé un chose)*
vedette *f.:* **en vedette** featured *(handwritten: popular)*

(handwritten: Tournez, regarder rapidement Jeter un coup d'œil)
(handwritten: la vedette = star)

Un Pionnier des grandes surfaces

(handwritten: le plus vieux)

aîné, -e elder, eldest *(handwritten: ≠ le plus jeune)*
améliorer to improve *(handwritten: faire meilleur)*
appliquer to apply
assaut *m.* assault, attack *(handwritten: une attaque)*
assortiment *m.* assortment *(handwritten: variété)*
autodidacte self-taught
avouer to acknowledge, admit *(handwritten: admettre =)*
carrefour *m.* intersection, crossroads *(handwritten: grande surface)*
concurrence *f.* competition *(handwritten: dans merchant)*
côtoyer to be side by side *(handwritten: être à côtoyer = côte de)*
course *f.* race
découverte *f.* discovery
découvrir to discover
dès lors from then on *(handwritten: de ce moment)*
échec *m.* failure *(handwritten: échouer (v))*
essai *m.* attempt *(handwritten: essayé (de))*
étape *f.* stage *(handwritten: next level)*
étranger, -ère foreign
faire des achats to shop *(handwritten: (en))*
foudroyant, -e overwhelming; of lightning speed *(handwritten: rapidité)*
freiner to check, restrain *(handwritten: to brake (des freins))*

grande surface *f.* large shopping center
grossiste *m.* wholesaler *(handwritten: vendre en gros)*
hypermarché *m.* very large shopping center *(handwritten: (All things) etc)*
lancer to launch *(handwritten: (throw) = commencer)*
magasin d'alimentation *m.* grocery store *(handwritten: une épicerie)*
mercerie *f.* haberdashery *(handwritten: misellaneus)*
ouverture *f.* opening *(handwritten: ≠ fermeture)*
périphérie *f.:* **en périphérie de** on the periphery of *(handwritten: (edge) frontèir au bord)*
pièce *f.:* **à la pièce** singly *(handwritten: de au morceau)*
petits pois *m. pl.* green peas
pourtant however, nevertheless *(handwritten: donne)*
protéger to protect *(handwritten: la protection)*
réunir to unite, bring together *(handwritten: replace)*
siècle *m.* century
supermarché *m.* supermarket *(handwritten: en group dans ensemb)*
tenter to try, attempt *(handwritten: une tentative)*
toit *m.* roof
vague *f.* wave

(handwritten left margin: faire pire ≠ une attaque ... sucess ... le aperson ... sucess ≠ réussir (a) ... Je suis a l'étranger bizarre ... dans un pays étranger ... faire le marché ... faire de emplettes ... biclette)

(handwritten bottom: Piece ≠ vendre en gros)
(handwritten: lance une project)
(handwritten: une balle un balloon = est plain d'air)

Chapitre 2

De quoi rêvent les vacanciers?

LA CHASSE AU GASPI

Récemment, les Français ont fait connaissance d'un animal bizarre, une sorte de cochon rose, obèse, dont la tête se termine en entonnoir. Une énorme campagne publicitaire invite les Français à chasser ces GASPIS en toutes occasions et indique de multiples moyens pour y parvenir.

Mais, que sont les GASPIS? Aucun livre de zoologie ne vous donnera la définition. Un GASPI est un litre d'essence économisée. Comment? En apprenant à conduire autrement, en oubliant souci de performance et agressivité, pour adopter une conduite plus économique et plus sûre. Des cartes, des dépliants, des autocollants donnant tous les conseils possibles sont distribués gratuitement. Des concours organisés dans plus de cent villes de France, au cours de l'été, conduisent les vainqueurs à des finales régionales puis nationales; la remise officielle du «Trophée du plus grand chasseur de GASPIS» a lieu en septembre à la Tour Eiffel.

A beaucoup, cette campagne paraît infantile et probablement vaine. L'objectif, faire économiser 600.000 tonnes de pétrole aux automobilistes durant l'été, semble petit face aux moyens déployés: budget de 18 millions de francs, 64 animateurs, deux stations de radio et 40.000 stations-service mobilisées! Mais, les statistiques montrent qu'après le premier été d'essai, sept Français sur dix avaient entendu parler de GASPI, et que les conseils étaient, en partie, suivis. Il n'est pas impossible de rêver qu'une bonne partie des Français prendront l'habitude de chasser le GASPI tous les jours.

Claude Giraud
Le Californien

LES FRANÇAIS JUGENT LEURS VACANCES

Quelle importance les Français attachent-ils à leurs vacances? Quels sont les éléments in-dispensables à la réussite des vacances? Quelles sont les régions, les sites ou les pays que les vacanciers préfèrent, ceux où ils rêvent d'aller? Tels étaient les grands thèmes d'un question-naire posé par l'Express *à ses lecteurs.*

«A peine rentrée, je trace déjà des plans pour les vacances de l'année suivante», écrit une lectrice. Les vacances ne sont plus ce petit superflu que l'on s'offre de temps en temps. Elles font tout simple-ment partie de la vie. Celle de tous les jours: à longueur d'année, on les rêve, on se les remémore.

«Si vous deviez limiter vos dépenses, sur quoi commenceriez-vous par écono-miser?» demandions-nous. Les vacances arrivent en dernier.

Le littoral—et, là, c'est loin d'être une surprise—attire toujours autant de monde, puisque près de la moitié des personnes qui ont répondu y sont allées cet été. Surtout sur la Côte d'Azur. «Aucun de nous—mon mari, et nos deux enfants de 18 et 19 ans—ne conçoit des vacances sans la «mer bleue» et sans soleil. La Côte d'Azur est un paradis et un régal pour les yeux», explique une fonctionnaire de la région parisienne.

Le Français n'est plus aussi casanier qu'autrefois. Près du quart des per-sonnes qui ont répondu au question-naire sont allées, cet été, à l'étranger. En fait, on part au loin pour «voir du pays», découvrir des mondes que l'on espère nouveaux. Ceux qui vont le plus à l'étranger? Surtout les 23–45 ans, les cadres supérieurs et les employés.

«Les vacances en France m'en-nuient», écrit une Parisienne de 28 ans. Est-ce seulement l'ennui qui pousse les Français à rêver de Tahiti, de la Cali-fornie ou du Machu Picchu? Dans notre questionnaire, nous avions cherché à être le plus éclectique possible, essayant de mêler l'exotisme et le dépaysement (Tahiti, Californie); l'impression d'aven-ture (Machu Picchu, Kenya); la curiosité (Chine, Inde, Egypte, New York); un certain retour aux sources (Jérusalem) et... un reste de mode (Saint-Tropez).

Le résultat ne nous a pas vraiment sur-pris. Que Tahiti arrive largement en tête, rien que de très normal: la réputation de cette île a survécu aux profonds changements de ces vingt dernières an-nées. Ce sont surtout les hommes qui en rêvent, les 46–65 ans et—curieuse-ment—les moins de 22 ans.

La performance de la Californie est plus étonnante. Cette région des Etats-Unis apparaît-elle toujours comme une sorte de Terre promise? Ou bien ne la confond-on pas parfois avec la Floride, ses plages, ses palaces et ses palmiers? Il faut croire que non, puisque ce sont surtout les moins de 46 ans qui rêvent d'y passer leurs vacances. L'intérêt décroît fortement chez les 46–65 ans et nul au-delà.

Faut-il chercher aussi loin le dépayse-ment? Nombreux sont les Français persuadés que leur pays n'a pas d'égal. «Aucun de ces endroits ne m'attire. Je suis heureuse là où je suis», affirme une lectrice. «Trop de Français vont dans des pays magnifiques. Mais ils ne con-naissent pas vraiment la France. J'ai parcouru l'Amérique du nord au sud. Croyez-moi, le plus beau, le plus agréable, c'est encore la France», ajoute un autre lecteur.

G. I.
L'Express

Questions sur le texte

La Chasse au GASPI

Vrai ou faux? Corrigez la phrase si elle est fausse.

1. Le GASPI est un animal rare qu'on ne peut chasser qu'en septembre.

2. On chasse le GASPI en économisant de l'essence.

3. Les finales régionales de la chasse au GASPI ont lieu à Paris.

4. Au cours de la campagne publicitaire, on a peut-être économisé du pétrole, mais on n'a pas économisé d'argent.

5. La plupart des Français n'ont jamais entendu parler du GASPI.

Les Français jugent leurs vacances

6. Qu'est-ce que le questionnaire de l'*Express* a voulu apprendre?

7. Comment est-ce que les vacances font partie de la vie de tous les jours?

8. Quel est le lieu préféré de la majorité des Français pour leurs vacances?

9. Pourquoi les Français prennent-ils des vacances à l'étranger?

10. Que représentent Tahiti et la Californie pour les Français? Qui s'intéresse le plus à Tahiti? Et à la Californie?

A votre avis

1. Si l'argent n'était pas un problème, où passeriez-vous vos vacances? Pourquoi?

2. Que cherchez-vous quand vous allez en vacances: le dépaysement, le repos, l'aventure? Que cherchent la plupart des gens que vous connaissez? Quelle place le snobisme a-t-il dans le choix des vacances?

3. Quelle image Plantu nous fait-il dans son dessin du campeur à la page 14? Trouvez-vous l'image réaliste, idéaliste, exagérée, amusante? Pourquoi? Parmi tous les objets dans le dessin, lesquels trouvez-vous indispensables pendant vos vacances?

4. Est-ce qu'il y a vraiment une crise d'énergie? Défendez votre réponse en citant des exemples.

Utilisation du vocabulaire

1. Trouvez dans les textes un synonyme pour chacun des mots suivants. Ensuite employez chaque synonyme dans une phrase:

   a. se rappeler
   b. au bord de la mer
   c. diminuer
   d. la Terre promise
   e. pendant
   f. le champion

2. Choisissez des lieux de la deuxième colonne qui, d'après vous, correspondent aux mots de la première colonne. Ensuite employez les deux mots dans une phrase qui explique votre choix. Vous pouvez mentionner d'autres lieux si vous voulez:

   Modèle: Pour moi, Tahiti symbolise l'exotisme grâce à son climat et à ses plages.

   1. le paradis
   2. un régal pour les yeux
   3. l'ennui
   4. l'exotisme
   5. le dépaysement

   a. les Alpes
   b. la Californie
   c. Paris
   d. le New Jersey
   e. la Côte d'Ivoire
   f. Israël

6. l'impression d'aven-
   ture
7. la curiosité
8. un reste de mode
9. un retour aux sources

g. Tahiti
h. la Chine
i. Brooklyn
j. la Côte d'Azur
k. l'Inde
l. chez moi

Rôle à jouer

Faites des projets pour acheter une nouvelle voiture. Un(-e) autre camarade de classe jouera le rôle de vendeur de voitures. Indiquez ce que vous exigez d'une voiture: économie d'essence, sécurité, bon équipment, confort, etc. Discutez les avantages et les inconvénients des voitures américaines et étrangères. Le vendeur de voitures essaiera de vous persuader d'acheter une voiture tout de suite.

Discussion/ composition

1. Est-ce que les Américains attachent beaucoup d'importance aux vacances? Quels sont les éléments indispensables à la réussite des vacances d'un(-e) Américain(-e)? Quels endroits les vacanciers américains préfèrent-t-ils? De quels endroits rêvent-t-ils?

2. Est-ce qu'une énorme campagne publicitaire comme la chasse au GASPI pourrait avoir du succès en Amérique? Pourquoi ou pourquoi pas? Quelles autres possibilités pourriez-vous suggérer pour persuader le public qu'il faut économiser l'essence?

Projet

Votre région cherche à attirer plus de touristes et de vacanciers. Comment feriez-vous la publicité pour inciter les gens à venir découvrir votre région? Qu'a-t-elle à leur offrir? Que devrait-elle changer ou améliorer?

Vocabulaire

Vacances... évadez-vous en Renault hors-taxes

aise *f.* comfort, ease
automobiliste *m., f.* motorist
berline *f.* sedan
break *m.* station wagon
contrat reprise *m.* repossession contract
épreuve *f.* test

s'évader to get away from it all
exigence *f.* demand
hors-taxes tax exempt
rachat *m.* repurchase
savourer to enjoy, relish
vente ferme *f.* firm sale

La Chasse au GASPI

animateur, -trice *m., f.* promoter
autocollant *m.* sticker
concours *m.* contest
conduite *f.* driving; conduct
cours *m.:* **au cours de** during
dépliant *m.* brochure, leaflet
économisé saved
entonnoir *m.* funnel

face à facing
gaspi, gaspilleur, -euse *m., f.* squanderer, guzzler
gratuitement free of charge
parvenir à to succeed
remise *f.* presentation (of an award)
souci *m.* concern, regard
vainqueur *m.* winner

Les Français jugent leurs vacances

attirer to attract
au-delà beyond
cadre supérieur *m.* top executive
casanier, -ière stay-at-home, home-loving
choix *m.* choice
concevoir to conceive, imagine
confondre to confuse
décroître to decrease
dépaysement *m.* agreeable change of scenery
dépense *f.* expense
égal equal
ennui *m.* boredom
ennuyer to bore
fait *m.* fact, deed; **en fait** as a matter of fact
fonctionnaire *m., f.* civil-service employee
lecteur, -trice *m., f.* reader

littoral *m.* seaside, coast(line)
longueur *f.* length; **à longueur de** throughout
palace *m.* luxury hotel
palmier *m.* palm tree
parcourir to travel through
peine *f.:* **à peine** scarcely, hardly
plage *f.* beach
puisque since
régal *m.* feast
se remémorer to remember
reste *m.:* **un reste de mode** a trace of fashion
retour *m.* return
réussite *f.* success
rêver to think, dream
superflu *m.* superfluous (thing)
survivre to survive (*pp.*[1] **survécu**)
tel, -le such
vacancier *m.* vacationer

1. *pp.* = participe passé.

Chapitre 3

Gourmet ou gourmand?

Le chef Georges Delangle à sa cuisine

Petit déjeuner
Repas de santé.

Composez-le bien!

fruits
lait
confitures
beurre
fromage
yaourt
céréales
miel
œufs
pain

Se nourrir mieux, c'est vivre mieux.

Pour devenir «grand cordon» de l'Ordre des justes mangeurs

«Tes menus chaque jour tu varieras», «Un aliment de chaque type tu choisiras», «De pain ne te priveras», «Des sucres et des graisses, tu te méfieras»: tels sont quelques-uns des dix commandements de l'Ordre des justes mangeurs que vient de créer le Comité français d'éducation pour la santé. Les candidats sont invités, en respectant les règles d'une bonne hygiène alimentaire, à élaborer six menus correspondant à des circonstances bien définies (un heureux anniversaire à souhaiter, un invité de marque qui vient dîner, un plateau de télévision improvisé). Tous les participants qui auront proposé au moins un menu correspondant à une liste type entreront dans cet Ordre symbolique avec le titre d'aspirant; deux menus donneront droit au titre de chevalier; alors que six permettront d'accéder à la dignité de «grand cordon». Les justes mangeurs... et les autres, moins «bons mangeurs» recevront un guide sur la nutrition.

Ainsi c'est par le jeu et une approche très concrète des problèmes d'alimentation que le Comité français entend rendre les Français plus conscients de ce qu'ils mangent et de la nécessité d'une alimentation équilibrée.

Le Monde

0 heure, le "menu-plaisir"

1 Big Mac + 1 Coca-Cola

Buvez Coca-Cola

McDonald's

Français, dis-nous ce que tu manges

Gourmand, gourmet ou gastronome, le Français a la réputation d'avoir un bon coup de fourchette. Et si cela était devenu légende, héritage en voie de disparition? Si de joyeux mangeur, le Français était devenu triste consommateur de nourriture standardisée avalée en vitesse? A force de se nourrir trop bien, on se nourrit mal.

Qu'est-ce qui a changé?
D'abord on ne meurt plus de faim

Le développement de l'agriculture, l'introduction des techniques industrielles, ont fait du Français moyen un homme dont l'estomac ne crie plus famine. Entre les produits exotiques, diététiques, surgelés, conserves, viandes diverses, il a l'embarras du choix—ce qui ne le conduit pas nécessairement au «bon» choix.

«L'homme occidental, dit Jean Claudian, nutritionniste, est un nouveau riche qui mange trop...»

Si encore notre homme abattait des arbres, ou transportait des cargos, mais non! Il prend sa petite auto ou son petit métro pour aller à son petit bureau. Le soir, il repart en direction de sa petite maison, regarder sa petite télé, ayant absorbé plus de trois mille calories dans sa journée.

Second grand changement dans les habitudes des Français

Douze millions d'entre eux—particulièrement dans les grandes villes—ne déjeunent plus chez eux. Cantines, restaurants d'entreprises, drugstores, pizzerias, crêperies, snacks, pubs ou cafés-bars voient, à l'heure du déjeuner, une foule d'affamés envahir leurs tables. Heureusement pour les mangeurs, le bruit, la chaleur, l'obscurité, la foule permettent d'avaler tout rond une nourriture sur laquelle il serait quelquefois dangereux de se poser des questions.

Et les déjeuners d'affaires?

Tout le monde aujourd'hui suit cette mode sous prétexte d'établir des contacts. Il est certain que devant un plat de homard l'invité perd automatiquement un peu de son esprit de répartie. Ou du moins, s'il est poli, ne parle pas la bouche pleine, ce qui peut laisser supposer—puisqu'il ne dit rien—qu'il consent.

Mais en ce qui concerne les repas d'affaires, la question qui se pose est avant tout celle-ci: comment peut-on faire deux choses aussi importantes à la fois? Les affaires devraient pouvoir se faire dans un bureau. Et la gastronomie, elle, est une chose bien trop sérieuse pour être confiée à des gens trop sérieux!

Catherine Caubère
Françoise Vitry
Marie-France

Menu

Terrine de foie gras frais du Périgord
ou
Saumon frais à l'aneth

Loup en croûte de la Méditerranée farci mousse de homard, sauce Choron
ou
Filet de mostelle à l'estragon et tomates fraîches

Poularde de Bresse en vessie, sauce fleurette (2 pers.)
ou
Civet de cuisses de canard Beaujolaise

Plateau de fromages "Mère Richard"

Délices et gourmandises, Petits fours
200.—

Menu

Soupe aux truffes noires V.G.E.
(plat créé pour l'Elysée en 1975)

Assiette bretonne aux primeurs
ou
Ecrevisses en terrine au beurre de ciboulette

Pigeonneau de Bresse en bécasse Michel Guérard
ou
Aiguillette de canard aux navets

Plateau de fromages "Mère Richard"

Délices et gourmandises, Petits fours
220.—

+ service 15%

PAUL BOCUSE

Questions sur le texte

Pour devenir «grand cordon» de l'Ordre des justes mangeurs

Vrai ou faux? Corrigez la phrase si elle est fausse.

1. L'Ordre des justes mangeurs a créé le Comité français d'éducation pour la santé.

2. Le titre de chevalier est l'honneur le plus grand de l'Ordre.

3. Seuls les justes mangeurs reçoivent un guide sur la nutrition.

4. L'objectif de l'Ordre est d'encourager les Français à manger beaucoup.

Français, dis-nous ce que tu manges

5. Grâce au développement de l'agriculture, le Français moyen maintenant se nourrit très bien.

6. Puisque tout le monde aujourd'hui abat des arbres et transporte des cargos, nous sommes trop occupés pour bien manger.

7. Si l'on déjeunait plus souvent chez soi, on mangerait moins de nourriture de qualité suspecte.

8. On trouve plusieurs avantages stratégiques aux déjeuners d'affaires.

9. On trouve plusieurs avantages gastronomiques aux déjeuners d'affaires.

10. D'après cet auteur, les Français se nourrissent mal parce qu'ils n'ont ni le temps ni la possibilité de manger correctement.

A votre avis

1. A notre époque, sommes-nous vraiment mal nourris? Pourquoi ou pourquoi pas?

2. Est-ce qu'il y a aujourd'hui de plus en plus de nourriture sur laquelle il serait quelquefois dangereux de se poser des questions? Quelle sorte de nourriture trouvez-vous suspecte?

3. Est-ce que vous vous nourrissez bien? Quelle importance accordez-vous à l'alimentation équilibrée? Y a-t-il des aliments que vous devriez ajouter à vos repas? Eliminer? Nommez-les.

4. Aimeriez-vous devenir grand cordon de l'Ordre des justes mangeurs? Pourquoi ou pourquoi pas? Décrivez un grand cordon typique comme vous vous l'imaginez.

5. En quoi les habitudes alimentaires françaises ressemblent-elles aux habitudes américaines? En regardant l'affiche, page 20, croyez-vous que maintenant les Français accordent beaucoup d'importance au petit déjeuner? A votre avis, est-ce un repas important?

Utilisation du vocabulaire

1. Souvent un auteur emploie des contrastes pour donner de la force à ses arguments. Trouvez dans le texte de «Français, dis-nous ce que tu manges» des mots, des expressions et des images qui contrastent avec ceux-ci:

   a. joyeux mangeur
   b. se nourrir trop bien
   c. un homme dont l'estomac ne crie plus famine
   d. une personne qui abat des arbres, transporte des cargos

2. Une autre technique littéraire est l'accumulation de mots ou d'expressions analogues pour accentuer une seule image ou une seule idée. Dans le texte de «Français, dis-nous ce que tu manges», par exemple, *gourmand, gourmet* et *gastronome* sont des mots qui renforcent l'image du Français comme joyeux mangeur. Dans le même texte, cherchez des séries de mots qui renforcent ou suggèrent les idées suivantes:

   a. la diversité des aliments
   b. les divers endroits où l'on peut déjeuner
   c. l'atmosphère des restaurants à l'heure du déjeuner

Discussion/composition

En 1979, les Américains ont dépensé $25 billions pour le fast food. De plus, les experts prédisent que dans les années 1990 la moitié de notre revenu national pour la nourriture sera dépensée pour des repas aux restaurants, aux entreprises fast food, etc. Comment expliquez-vous ce phénomène? Est-ce parce que les femmes travaillent, parce que c'est plus facile que de préparer un bon repas chez soi, parce que l'Américain moyen a un salaire plus élevé ou est-ce pour d'autres raisons? Qu'est-ce que la popularité du fast food indique? Que les Américains sont mal nourris? Qu'ils n'apprécient pas la bonne cuisine? Qu'ils n'ont pas le temps de faire la cuisine?

Projet

Entrez dans l'Ordre des justes mangeurs. Proposez un menu pour être qualifié comme aspirant. Votre menu peut correspondre à une des suggestions suivantes:

1. un petit déjeuner pour quelqu'un qui est en retard
2. un déjeuner au restaurant universitaire
3. un pique-nique
4. un plateau de télévision improvisé
5. un dîner spécial à deux
6. un dîner pour votre professeur de français
7. un régal pour votre classe de français

Vocabulaire

Petit Déjeuner—Repas de santé

confitures *f. pl.* preserves, jam
miel *m.* honey
yaourt *m.* yogurt

Pour devenir «grand cordon» de l'Ordre des justes mangeurs

accéder à to attain
aliment *m.* food
alimentaire dietary
alimentation équilibrée *f.* balanced diet
conscient, -e conscious
dignité *f.* rank
élaborer to prepare; make up
grand cordon *m.* highest decoration

invité, -e de marque *m., f.* distinguished guest
mangeur *m.:* **juste mangeur** careful eater
se méfier de to be on one's guard
se priver de to deprive oneself of
souhaiter to wish

Français, dis-nous ce que tu manges

abattre to cut down, fell
affamé, -e *m., f.* famished person
à force de as a result of
avaler to swallow
confier to entrust
conserve *f.* canned food
crêperie *f.* pancake house
embarras *m.* difficulty, trouble
envahir to invade
estomac *m.* stomach

foule *f.* crowd
gourmand, -e *m., f.* glutton
homard *m.* lobster
joyeux, -euse joyous, merry
nourrir to nourish
restaurant d'entreprise *m.* company restaurant
surgelé *m.* frozen food
tout rond whole
voie *f.:* **en voie de disparition** in the process of disappearing

Chapitre 4

Vers une société urbaine

Le Temps des mégalopolis

Pendant des siècles, la France a été un pays à vocation agricole. On disait même que l'agriculture était le pétrole de la France. Mais depuis une quarantaine d'années, le pays s'est fortement urbanisé. En effet, aujourd'hui, quatre Français sur cinq habitent un centre urbain. Et le mouvement vers la ville continue.

Cette transition ne se fait pas toujours sans problèmes. Où trouver les maisons et logements dont on a besoin? Comment offrir un système de transport adéquat? Que faut-il démolir pour faire place au progrès, et que faut-il préserver du passé? Comment régler les problèmes de pollution, de bruit, de criminalité? Autant de complications qui n'ont pas de solution facile.

Evidemment, on ne peut pas parler du mouvement urbain en France sans parler de Paris, le cœur du pays. Paris n'est peut-être pas la France, mais c'est là où un Français sur cinq vit et travaille.

Comment les Parisiens voient-ils leur ville?

Que ce soit par le cinéma, la télé, les livres ou les cartes postales, tout le monde a sa vision de Paris. Mais comment les Parisiens voient-ils leur ville? Deux psycho-sociologues, un Américain, Stanley Milgram, et une Française, Denise Jodelet, ont décidé de poser cette question à 218 Parisiens. On leur a demandé de dessiner une carte qui exprime une vision personnelle de leur ville.

Tous les Parisiens savent que Paris a la forme d'un œuf, nettement délimité par le boulevard périphérique et traversé par un fleuve incurvé (la Seine).

«Les Parisiens se plaisent à dire qu'il y a un Paris touristique, mais que le vrai Paris est bien différent. Or, à examiner les cartes dessinées, il devient évident que le Paris touristique—avec ses monuments et ses repères—réapparaît comme un moyen essentiel pour organiser leur propre plan de la ville», constatent les auteurs du questionnaire.

Arc de Triomphe, Notre-Dame, Tour Eiffel, les monuments connus et appréciés des Parisiens sont ceux que photographient les touristes japonais ou américains.

Les cartes manifestent certaines différences selon les classes sociales et les occupations. Mais un fait collectif l'emporte sur ces différences: le Paris connu de tous, le Paris aimé, le Paris qu'il faut préserver, c'est le Paris «historique».

L'Avenir

Jeunes ou vieux, riches ou pauvres, tous les Parisiens s'accordent à redouter la modernisation de leur ville: 31 pour cent d'entre eux déplorent le bruit, la pollution, la disparition des espaces verts; 34 pour cent détestent les constructions nouvelles, et 40 pour cent jugent que l'automobile est le pire fléau de la capitale.

Fiers des splendeurs architecturales de leur capitale, les Parisiens rêvent d'habiter un village, de jouir d'air pur et de verdure. La plupart de leurs dessins ignorent systématiquement les tours et les grands ensembles.

Les dessins expriment le dilemme du Paris contemporain. Comment pourra-t-il conserver son caractère distinctif, qu'il tient des siècles passés, maintenant qu'il est aux prises avec la modernité?

J. G.
L'Express

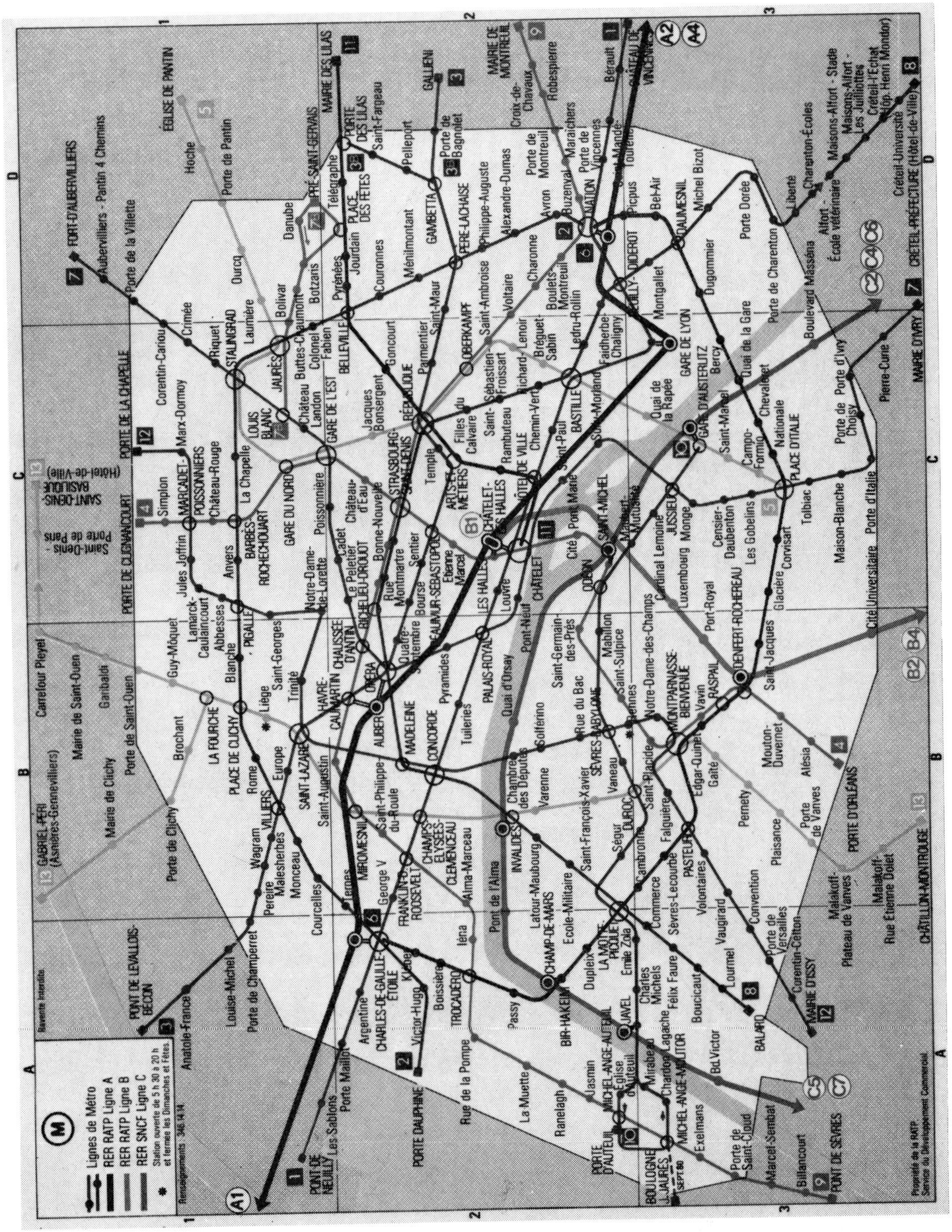
Lignes de Métro
RER RATP Ligne A
RER RATP Ligne B
RER SNCF Ligne C
Station ouverte de 5 h 30 à 20 h et fermée les Dimanches et Fêtes.

Puisque vous avez décidé

d'acheter un appartement

Une ville jardin de 100 hectares
Des petits immeubles de 2 à 4 étages, entourés de pelouses et de grands arbres. Le calme. Et pour proches voisins : **le Parc de Versailles et le Musée de l'Arbre.**

La publicité disait "Un art de vivre unique au monde"
Venez constater vous-même que c'est vrai. Connaissez-vous beaucoup de résidences qui offrent, si près de Paris : **un centre commercial, 8 piscines-club, des écoles et collèges, 5 salles de cinéma et des tennis ?**

Plutôt mieux que Paris 16e et tellement moins cher
Parly 2 est habité par des gens comme vous. Des gens de qualité. C'est pour cela que Parly 2 est devenu une adresse. Tout comme Neuilly ou le 16e. A ceci près qu'il coûte nettement moins cher et qu'**on y respire mieux.**

Les derniers appartements neufs de Parly 2
Il n'y en aura bientôt plus. Aujourd'hui, **vous avez une chance sur dix,** (c'est énorme), d'acquérir un de ces 50 appartements à moitié prix, ou avec une réduction importante.

essayez donc de gagner 50% du prix

Grâce au concours organisé pour les acquéreurs des 50 appartements disponibles à Parly 2.

50% (1er prix) **10%** (2e et 3e prix) **5%** (4e et 5e prix) **sur la valeur de l'appartement acquis**

Le règlement du concours vous sera remis sur place.
Il est ouvert à tous les acquéreurs et ne nécessite pas de connaissances particulières. Seuls le bon sens, la logique et l'esprit d'observation vous permettront de répondre correctement aux questions qui vous seront posées.
Résultats et attribution des prix le 30 novembre au plus tard.
Organisme responsable : B.O.C.P.

Des plans variés et compacts où chaque m² compte. Plus tôt vous viendrez, plus large sera votre choix.

Parly 2, c'est vraiment le meilleur endroit où vivre et placer votre argent.
Même si vous n'êtes pas parmi les gagnants, vous avez la certitude de faire une bonne affaire. Parly 2 offre depuis 1966 une protection très sûre contre l'érosion monétaire.

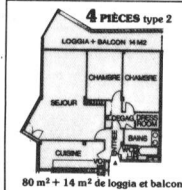

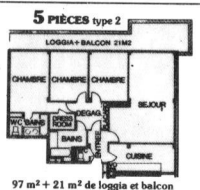

4 PIÈCES type 2
LOGGIA + BALCON 14 M2
CHAMBRE | CHAMBRE
SEJOUR
DEGAG | DRESSING ROOM
CUISINE | WC | BAINS
80 m² + 14 m² de loggia et balcon

5 PIÈCES type 2
LOGGIA + BALCON 21M2
CHAMBRE | CHAMBRE | CHAMBRE
DEGAG | DRESSING ROOM | SEJOUR
WC | SDB | BAINS
CUISINE
97 m² + 21 m² de loggia et balcon

Appartements de 3 à 6 pièces' dans des petits immeubles de 2-3 étages.
• toutes les pièces ouvrent sur un **balcon filant** élargi en **terrasse** devant le séjour à double orientation.
• **tenture murale** (séjour et entrée) et papier peint (chambres et dégagements).
• **moquette** (réception, chambres et dégagements).
• **cuisine meublée** entièrement équipée.
• **salles de bains décorées et dressing-rooms aménagés.**
• également chambres individuelles avec salle de bains.

C.P.H. Consortium Parisien de l'Habitation
Avenue Charles-de-Gaulle 78150 Le Chesnay
Tél : 954.54.54

PARLY 2

Les appartements-modèles sont ouverts tous les jours de 10 à 20 h.
Accès facile grâce au doublement du tunnel de Saint-Cloud. Autoroute de l'Ouest, 2e sortie, puis à gauche sur la N 184.

CHRISTIAN CHASSIN

CORRESPONDANCE

«un nouvel art de vivre»

à PARLY 2

Mlle Lucienne Béguin, qui habite Parly 2, nous décrit son expérience du «nouvel art de vivre». Nous avons extrait de sa lettre les passages suivants:

J'ai acheté avec enthousiasme un studio à Parly 2. On nous a fait croire que l'on allait nous donner enfin cette qualité, ce luxe, ce nouvel art de vivre que souhaite tout acheteur.

Le peu que nous pouvions voir déjà était si joli! La terrasse toute blanche d'un café-restaurant... une grande pelouse... des oiseaux... plus loin des chevaux. Mais maintenant, la pelouse devant le café-restaurant a disparu, remplacée par un parc de stationnement. Disparus aussi les oiseaux... les chevaux.

Quant au luxe, ce sont les odeurs de cuisine, c'est le bruit d'un robinet que l'on ouvre dans un appartement voisin et qui vous éveille... C'est l'ambiance des dimanches tristes où vous devez supporter des conversations, le va-et-vient de l'ascenseur... Vous ne savez jamais si le jour où vous avez décidé de vous reposer ce sera possible car votre vie dépend de ce que vos voisins auront décidé de faire...

Le Monde

Questions sur le texte

Le Temps des mégalopolis

1. Quels exemples donne-t-on dans le texte pour illustrer que la France n'est plus un pays agricole?

2. Quels problèmes accompagnent le mouvement des populations vers la ville?

3. Pourquoi est-ce qu'on ne peut pas parler du développement des villes sans parler de Paris?

4. Quelle technique Milgram et Jodelet ont-ils employée pour explorer les attitudes des Parisiens?

5. Quelle forme a Paris? Est-ce que les Parisiens l'ont représenté avec précision?

6. Quel moyen essentiel les Parisiens employaient-ils pour organiser leurs cartes? Quel fait collectif est devenu évident?

7. Quelles caractéristiques de la modernisation les Parisiens ont-ils redoutées?

8. En ce qui concerne la modernisation, sur quoi les Parisiens sont-ils d'accord?

9. Quel est le dilemme du Paris contemporain?

Puisque vous avez décidé d'acheter un appartement

10. Où se trouve Parly 2?

11. Qui y habite?

12. Combien d'appartements reste-t-il à vendre?

13. Comment peut-on gagner 50 pour cent du prix d'un appartement?

«*Un nouvel art de vivre*» à Parly 2

14. Décrivez Parly 2 en vous référant à la description de Mlle Béguin et à celle de l'annonce.

15. Quelles mauvaises surprises Mlle Béguin a-t-elle eues en venant habiter à Parly 2?

A votre avis

1. Comment expliquez-vous l'expression «l'agriculture était le pétrole de la France»? Que symbolise le pétrole aujourd'hui?

2. L'article insiste sur l'importance de Paris en France. Aux Etats-Unis, quelle ville vous semble la plus importante? Pourquoi?

3. L'urbanisation est-elle aussi un problème aux Etats-Unis? Citez des exemples pour expliquer votre avis.

4. Pourquoi aimeriez-vous ou n'aimeriez-vous pas habiter à Parly 2? Quels sont les avantages et les inconvénients de ce genre de résidence moderne?

5. Pourquoi Mlle Béguin a-t-elle adopté le «nouvel art de vivre»?

Utilisation du vocabulaire

1. Dans le premier texte, on parle du mouvement urbain, c'est-à-dire, de la transition de la campagne vers la ville. Que veut-on dire quand on parle:

   a. du **mouvement** écologique?
   b. du **mouvement** des voitures?
   c. d'un **mouvement** de gymnastique?
   d. des **mouvements** d'une symphonie?
   e. du **mouvement** d'une horloge?

2. Dans l'annonce pour Parly 2, on essaie de vous persuader qu'en y habitant vous participerez à «un art de vivre unique au monde». Mais quels mots ou expressions dans l'annonce évoquent pour vous une image plutôt négative?

Rôle à jouer

Avec un(-e) camarade de classe, imaginez la conversation entre un(-e) représentant(-e) de Parly 2 et un(-e) client(-e). Le représentant (la représentante) essaie de parler des avantages de Parly 2: piscine, terrasses, boutiques, etc. Le client (la cliente) pose des questions sur les voisins, le bruit, la solidité de la construction, etc.

Discussion/composition

Où se trouve la meilleure qualité de vie—dans les villes ou bien à la campagne? Comparez les deux modes de vie. Selon vous, quel est l'avenir du mouvement vers la ville? Quels en sont les dangers s'il continue?

Projet

Dessinez un plan de votre ville en indiquant les repères les plus importants. Comparez votre plan avec celui de vos camarades de classe. Quels points les plans ont-ils en commun? En quoi diffèrent-ils?

Vocabulaire

Le Temps des mégalopolis

s'accorder to agree
avenir *m.* future
constater to ascertain (a fact)
délimité, -e demarcated
disparition *f.* disappearance
emporter: l'emporter sur to prevail over
espace *m.* space
être aux prises avec to be at grips with
évidemment obviously
exprimer to express
fier, -ière proud
fléau *m.* scourge, plague
ignorer to be ignorant of, unaware of

incurvé, -e curving
jouir de to enjoy
logement *m.* housing
mégalopolis *m.* very large city
or however; yet
propre own
psycho-sociologue *m.* psychosociologist
réapparaître to reappear
redouter to dread, fear
régler to regulate
repère *m.* landmark
s'urbaniser to become urbanized
verdure *f.* greenery

Puisque vous avez décidé d'acheter un appartement

acheteur, -euse *m., f.* buyer
acquéreur *m.* buyer
aménager to arrange; to furnish
attribution des prix *f.* awarding of prizes
balcon filant *m.* balcony running the entire length of an apartment, sun deck
dégagement *m.* exit; open space
disponible available
grâce à thanks to
hectare *m.* hectare (2.47 acres)

immeuble *m.* apartment building
m² *abbr.* square meter
moquette *f.* carpeting
nettement clearly, distinctly
pelouse *f.* lawn
piscine *f.* swimming pool
plutôt rather
règlement *m.* regulations, rules
séjour *m.* living room
tenture murale *f.* wallpaper

«Un nouvel art de vivre» à Parly 2

ambiance *f.* atmosphere
ascenseur *m.* elevator
car for, because
décrire to describe
disparaître to disappear
éveiller to awaken
extraire to extract

luxe *m.* luxury
parc de stationnement *m.* parking lot
studio *m.* studio apartment
supporter to endure, stand
va-et-vient *m.* coming and going

2

NOUVEAU VISAGE DES CONFLITS SOCIO-ECONOMIQUES

Chapitre 5

L'Importance du salaire

Des milliers de travailleurs sont réunis place de la
République, à Paris.

Petites Annonces

Offres d'emploi

Cherchons jeune femme non-fumeuse pour aider maman avec enfant et ménage, les après-midis de 12h à 15h. 12F de l'heure. Maryvonne, 43 • 07 • 18.

Echangerais petite chambre contre quelques heures de babysitting par semaine. De préférence, femme stable, sachant conduire. Tél: Constance, 33 • 81 • 42.

Restaurant cherche garçon d'expression française pour le dîner, 6 jours par semaine. *La Quiche:* Tél entre 1600 h. et 1800 h. —39 • 72 • 49.

Traductions anglais/français. Cherchons étudiant ou autre personne parfaitement bilingue pour traductions de textes politiques et économiques. Lieu de résidence indifférent. Ecrire M. Villereau, 27, rue de Surène, 75008 PARIS.

Demandes d'emploi

Français, Sup. de Co., 33 ans, 5 ans expérience import-export, habitude contacts sociétés U.S. bien d'équipement (médical et scientifique) **cherche poste dans service import ou export aux U.S.A.** Ecrire: Michel Vidier, 10 rue de Berri, 75388 PARIS.

Française, 18 ans, cherche juillet, **AU PAIR,** fam. angl. Londres ou banl. Pour référ. tél: 43 • 38 • 02.

CONDITION OUVRIÈRE

«Qu'on me donne une occupation plus intéressante, avec plus de responsabilités, et j'accepterai de gagner moins», a déclaré au correspondant de l'Express une ouvrière de 23 ans de Saint-Égrève, dans l'Isère.

Le cas n'est pas isolé. Le nombre des travailleurs qui pensent que le salaire n'est pas la seule satisfaction du travail, ni même parfois la plus importante, ne cesse d'augmenter.

le salaire n'est pas la seule satisfaction du travail

Gestes mécaniques.

Les ouvriers demandent à être concernés. Ils veulent participer. Jour après jour, les salariés se révoltent contre les gestes mécaniques de la chaîne: «Je n'ai plus de goût au travail. J'y vais comme un robot», déclare un ouvrier de l'usine Peugeot. Un autre confirme: «Je connais des gens qui, depuis dix ans, font les mêmes trous sur une pièce de moteur sans savoir encore à quoi ils servent.»

«Depuis vingt ans, je fais toujours les mêmes gestes, mais je les fais aujourd'hui deux fois plus vite», se plaint une ouvrière.

«Dans mon atelier [usine], je vous assure que des dépressions nerveuses, il y en a presque tous les jours», confie une jeune fille de 17 ans employée aux textiles.

Cette soif de responsabilités, L'Express l'a notée tout au long de son enquête. «Être ouvrier, c'est ne rien avoir à dire sur son travail», a répondu un ouvrier belge invité à donner une définition de sa condition.

M. Jean Michel, manufacturier, a déclaré: «J'aimerais pouvoir exprimer mon point de vue sur des détails de la fabrication. C'est toute mon ambition.»

La frustration est ressentie avec plus de force par les jeunes. Ils ne se servent que rarement des connaissances qu'ils ont acquises.

«Tous les ans, une armée de jeunes sortis de l'école cherchent à s'employer dans les banques ou les assurances, qui n'ont pas besoin d'eux, déclare M. Pierre Bois, directeur du travail pour la région parisienne. Ils sont chômeurs avant d'avoir travaillé.»

Certaines grandes usines ont modifié leurs méthodes. Le travail à la chaîne est abandonné, les ouvriers regroupés. Des objectifs leur sont fixés. Ainsi, les ouvriers peuvent situer leurs objectifs dans le cadre général des activités de la compagnie, et sont invités à donner leur avis. C'est une manière d'engager leur responsabilité.

Il serait futile de penser que les luttes sociales pourront être éliminées. L'histoire du mouvement ouvrier enseigne, d'ailleurs, qu'il n'y a pas de progrès réel sans conflits.

Georges Valance
L'Express

LE TRAVAIL DES FEMMES

Une chimiste travaille dans son laboratoire.

Un sondage sur le travail des femmes a été réalisé en France il y a quelques temps. Ses résultats sont intéressants et parfois imprévus.

Pour les Français interrogés, le travail des femmes apparaît comme une sécurité financière plutôt que comme un instrument de libération. Cinquante-sept pour cent des femmes disent qu'elles travaillent «pour améliorer le budget», 48 pour cent pour «gagner leur vie».

Les femmes contribuent pour 40 pour cent au revenu des familles. Pour elles, l'indépendance ne vient qu'en troisième position parmi leurs raisons de travailler. La réussite professionnelle ou la volonté d'égalité avec les hommes arrivent au dernier rang.

Seules les familles d'industriels et de cadres voient dans le travail des femmes une possibilité d'épanouissement.

Quatre-vingt-dix pour cent des femmes et 88 pour cent des hommes souhaitent réussir leur vie de couple et de famille plutôt que leur vie professionnelle.

Pourtant, une majorité des Français reconnaissent que le vie d'une femme active est plus intéressante que celle d'une femme au foyer. Les salaires et conditions de travail se sont améliorés pour les femmes, mais la sécurité de l'emploi et les possibilités de promotion leur semblent plus précaires aujourd'hui qu'il y a quelques années. En effet, les trois quarts des Françaises sont insatisfaites de leurs salaires.

Une femme peut-elle obliger son mari de quitter son emploi si on lui propose, à elle, une situation plus intéressante ailleurs? A cette question, un peu plus de la moitié des Français ont répondu non.

Enfin, ce sondage révèle trois souhaits de la part des Français.

—Les mères de famille qui élèvent leurs enfants et qui ne travaillent pas devraient recevoir un salaire.

—Les femmes devraient avoir la possibilité d'arrêter de travailler pour élever leurs enfants et ensuite de reprendre leur travail dans les mêmes conditions de travail.

—Les Français croient que les femmes qui ont des enfants devraient avoir la possibilité d'accepter du travail partiel (six heures par jour) avec une réduction proportionnelle de leur salaire.

J. S. (*Enquête de Roselyne Bosch*)
Le Point

Petites Annonces

1. Quelle expérience vous faut-il pour faire des traductions anglais/français?

2. Quelle sorte de service import/export Michel Vidier cherche-t-il?

3. Pourquoi la jeune Française de 18 ans ne pourrait-elle pas travailler pour Constance?

4. Quelle expérience faut-il pour travailler à *La Quiche?* Combien de jours par semaine faut-il y travailler?

5. En plus d'aider Maryvonne avec son enfant, quoi d'autre fera la jeune femme? Quelle condition Maryvonne fait-elle au candidat?

Le Salaire n'est pas la seule satisfaction du travail

6. Pourquoi les ouvriers se révoltent-ils contre le travail à la chaîne?

7. En ce qui concerne le travail, qui est-ce qui ressent la frustration avec le plus de force? Quels sont leurs griefs particuliers?

8. Comment certaines usines ont-elles rendu le travail de l'ouvrier plus intéressant? Quel en est le résultat?

9. A part le salaire, nommez trois satisfactions du travail mentionnées par les ouvriers.

Le Travail des femmes

Vrai or faux? Relisez le sondage sur le travail des femmes.
Ensuite, corrigez la phrase si elle est fausse.

10. La plupart des femmes travaillent pour des raisons financières.

11. Les Françaises pensent que la réussite professionnelle est
plus importante que l'indépendance.

12. Pour les femmes, la sécurité de l'emploi et les possibilités
de promotion sont meilleures aujourd'hui qu'il y a quelques
années.

13. En général, les Français croient que les mères de famille
devraient avoir plus de choix dans le monde du travail.

A votre avis

1. Si les ouvriers sont peu contents de leur travail, est-ce
vraiment la faute de la compagnie? Pourquoi ou pourquoi pas?

2. Qu'est-ce que les ouvriers peuvent faire pour améliorer leur
condition dans les usines?

3. Pensez-vous qu'il y a des gens qui aiment le travail à la
chaîne? Décrivez-les comme vous les imaginez. Quels
avantages voient-ils dans leur travail?

4. Quelle est la situation pour les jeunes d'aujourd'hui qui
cherchent du travail? Est-ce facile ou difficile de trouver un
bon emploi? Pourquoi?

5. Quels sont les problèmes particuliers des Américaines qui
travaillent?

6. Que pensez-vous des trois souhaits formulés par les
Français au sujet du travail des femmes?

Utilisation du vocabulaire

1. Un ouvrier déclare: «Je n'ai plus de goût au travail.» Il veut dire qu'il ne prend plus de plaisir à son travail. Expliquez les expressions suivantes qui utilisent le mot *goût:*

   a. Ce fruit a **un goût acide.**
   b. Elle est toujours habilée **avec goût.**
   c. Chacun **à son goût.**
   d. Ce travail n'est pas **à mon goût.**

2. Dans l'article sur le travail des femmes, trouvez les noms qui correspondent aux verbes suivants. Ensuite, écrivez des phrases pour illustrer leur emploi:

   a. réussir
   b. vouloir
   c. libérer
   d. épanouir

Rôle à jouer

C'est l'an 2007. Le chef d'une usine parle avec deux candidats d'un emploi à la chaîne. L'un est un ouvrier (une ouvrière) avec dix ans d'expérience; l'autre est un robot. Chaque candidat essaie de gagner le poste. Enfin, le chef prend une décision et essaie d'expliquer son choix.

Discussion/ composition

Parmi les raisons suivantes laquelle est la plus importante pour votre choix d'un emploi? La moins importante? Numérotez les raisons selon l'importance que vous leur accordez. Pouvez-vous ajouter d'autres raisons à la liste?

a. une situation intéressante
b. beaucoup de responsabilités
c. un bon salaire
d. la possibilité d'exprimer mon point de vue
e. l'occasion de me servir des connaissances acquises
f. la sécurité financière
g. la réussite professionnelle
h. l'épanouissement personnel

Projet

Préparez un questionnaire sur le travail des femmes. Vous voulez déterminer les problèmes les plus importants des femmes dans le monde du travail. Vos questions peuvent se rapporter aux problèmes d'obligations familiales, à l'attitude du mari, etc.

Modèle: Placeriez-vous l'indépendance en première position?

Vocabulaire

Petites Annonces

au pair work in exchange for room and board
avoir l'habitude de to be accustomed to
banlieue f. suburb(s)
bilingue bilingual

échanger (une) petite chambre contre... to exchange a small bedroom for
non-fumeur, -euse m., f. nonsmoker
traduction f. translation

Le Salaire n'est pas la seule satisfaction du travail

acquérir to acquire (pp. **acquis**)
assurance f. insurance (company)
augmenter to increase
cadre m. frame(work)
cas m. case
cesser to stop
chômeur m. unemployed person
enquête f. survey; investigation

enseigner to teach
fabrication f. manufacturing
geste m. motion, gesture
goût m. taste
lutte f. fight, struggle
parfois sometimes
ressentir to feel
tout au long throughout

Le Travail des femmes

ailleurs elsewhere
épanouissement m. blossoming, flowering
foyer m. home, hearth
imprévu, -e unforeseen

précaire precarious
rang m. rank; row
réaliser to carry out
sondage m. (opinion) poll
volonté f. will, desire

Chapitre 6

Dans le monde du travail

Des ouvriers de Renault font la grève.

Immigrés: La France entre le droit et le devoir

Il est clair depuis longtemps que le gouvernement ne sait pas comment s'y prendre pour réduire la main-d'œuvre étrangère en France, tout en gardant bonne conscience. Le projet de loi sur le renouvellement des cartes de séjour et des cartes de travail illustre le conflit de devoirs dans lequel se débat le secrétaire d'Etat chargé de ce problème-cactus, M. Lionel Stoléru.

Conflit de devoir, parce qu'effectivement c'est le devoir du gouvernement de lutter contre le chômage et d'offrir le maximum d'emplois aux citoyens français. Mais c'est aussi son devoir de respecter les droits humains des travailleurs étrangers que nous Français avons été bien contents de trouver pour construire nos logements, relever nos ordures ou extraire notre charbon.

Il y a en France, 4 millions d'étrangers dont 1,6 millions de travailleurs. Surtout des Portugais, des Algériens, des Italiens et des Espagnols. En fait, aucune de ces populations n'est concernée par le nouveau texte. Les Italiens parce qu'ils sont dans le Marché commun; les Espagnols et les Portugais parce qu'ils vont y entrer; les Algériens parce que leur sort dépend d'une négotiation spéciale entre Paris et Alger. On va donc faire porter le poids de cette législation restrictive sur les autres populations: Yougoslaves, Turcs, Marocains, Tunisiens...

L'objectif officiel est de réduire, chaque année, la population étrangère en France de 3 à 5 pour cent, c'est-à-dire de 120.000 à 200.000 personnes, y compris femmes et enfants.

Il est vrai que tout le monde le fait. De 1974 à 1977, la Suisse a réduit le nombre de ses travailleurs étrangers de 17 pour cent, l'Allemagne fédérale de 19 pour cent el les Pays-Bas de 29 pour cent.

Jusqu'à présent, la France avait seulement fermé ses frontières et offert aux étrangers qui voulaient retourner chez eux un pécule de 10.000 francs. En deux ans, seuls 50.000 immigrés ont demandé à bénéficier de cette mesure. Jusque-là, rien de choquant. C'était le volontariat.

Avec le nouveau projet de loi, un pas de plus est franchi. Le renouvellement de la carte de travail devient subordonné à la situation de l'emploi dans le département. Economiquement, on le comprend. Juridiquement c'est correct. Mais cela me choque.

Ces Turcs, ces Yougoslaves ou ces Marocains sont des hommes comme vous et moi. Ils sont venus en France pour travailler. Parfois avec leur famille. S'ils se conduisent comme des citoyens français, s'ils travaillent et souvent dans des emplois dont les nationaux ne veulent pas, pourquoi les chasserait-on? Qu'on augmente les incitations au départ volontaire, d'accord. Qu'on s'engage sur la voie de l'expulsion (même en ayant le droit pour soi), non.

Jean Boissant
Jeune Afrique

La France balaie ses immigrés

Récemment le gouvernement français, préoccupé par le problème du chômage, a présenté un projet de loi en vue de limiter le nombre de travailleurs étrangers dans le pays. Au cours des années soixante, quand l'économie était en pleine expansion, la France avait ouvert ses frontières à des centaines de milliers de ces travailleurs.

Plusieurs d'entre eux sont venus des anciennes colonies françaises de l'Afrique du Nord ou de l'Ouest: Algérie, Tunisie, Maroc, Sénégal et Mali, principalement. Le quart à peine de ces exilés vit avec sa famille, les autres l'ont laissée au pays et passent seuls quelques années en France. Manœuvres non qualifiés pour les trois quarts, ils gagnent en général moins de 3.000 francs par mois.

Selon la nouvelle loi, «l'accès du territoire français peut être refusé à tout étranger dont la présence constituerait une menace pour l'ordre public.» Notion vague qui a soulevé l'indignation des intéressés. La nouvelle loi semble indiquer que tout étranger pourra pour les infractions les plus bénignes être reconduit à la frontière.

Adapté d'un article de Sophie Bessis
Jeune Afrique

La récolte du raisin se fait souvent avec l'aide d'immigrés, comme ces ouvriers de l'Afrique du Nord.

Le Travail noir progresse dans l'ombre

On entend parler des grèves qui, de temps en temps, paralysent le pays. On sait que les syndicats français sont très actifs et revendiquent toujours des privilèges sociaux pour leurs membres. Pourtant, dans le monde du travail en France, il y a de vrais problèmes. D'abord, il y a la situation pénible des milliers de travailleurs immigrés qui viennent en France faire un travail. Souvent les Français ne veulent plus faire ce travail eux-mêmes. Deuxièmement, il y a le problème du travail clandestin, ou «travail noir», comme l'appellent les Français.

Ils sont un million, peut-être un million et demi, en France à travailler dans la clandestinité. Le travail noir n'est plus un phénomène marginal, mais bien un fait de la civilisation, véritable mouvement parallèle à l'activité légitime du pays. Bon an, mal an, on estime que quelque quarante milliards de francs de travaux sont réglés de la main à la main, soit environ 15 pour cent des salaires versés en France.

Le gouvernement, préoccupé par ce mouvement, a lancé une campagne pour décourager ces activités. «Le travail clandestin, ça peut finir très mal. Faites appel à de vrais professionnels déclarés» annonçaient 500.000 affiches sur les murs de toutes les villes de France. Mais les amendes sévères et les possibilités d'emprisonnement ne découragent pas pour autant les Français. Un sondage récent confirmait d'ailleurs que si 22 pour cent d'entre eux y sont hostiles, 46 pour cent tolèrent et 17 pour cent sont franchement favorables au travail noir.

Peintres, maçons, instituteurs, jardiniers, femmes de ménage, la liste est inépuisable de ceux qui travaillent au noir, sans rien déclarer, sans rien payer au fisc ou à la Sécurité Sociale. Petits ou moyens travaux effectués à des prix bien inférieurs à ceux pratiqués sur le marché servent à boucler les fins de mois. Les artisans s'arrangent souvent avec leurs clients: «La facture passe à l'as, et tout le monde est content.» Sauf le gouvernement, bien sûr!

Journal Français d'Amérique

Questions sur le texte

Immigrés: La France entre le droit et le devoir

1. Quel est le problème-cactus dont le secrétaire d'Etat est chargé?

2. Quel conflit de devoirs est au centre du dilemme?

3. Quels travaux les immigrés font-ils?

4. Quelles populations ne sont pas concernées par le nouveau projet de loi? Pourquoi?

5. Maintenant, de quoi dépend le renouvellement de la carte de travail?

6. Pourquoi l'auteur est-il contre l'expulsion des immigrés?

La France balaie ses immigrés

7. Quel était l'objectif du nouveau projet de loi? Quel problème l'a provoqué?

8. De quels pays viennent les immigrés?

9. Décrivez l'immigré typique.

10. Quelle implication de la nouvelle loi a soulevé l'indignation des intéressés?

Le Travail noir progresse dans l'ombre

11. Que veut dire l'expression *le travail noir?*

12. Pourquoi le travail noir est-il un problème en France et ailleurs?

13. Quelles professions se prêtent le mieux au travail clandestin?

14. Quels sont les avantages du travail noir?

15. Que pense le gouvernement de cette situation? Que fait-il pour la combattre?

16. Que pensent les Français du travail clandestin?

A votre avis

1. Est-ce que le travail noir est un vrai problème? Pourquoi ou pourquoi pas?

2. Que pensez-vous de la situation des travailleurs immigrés en France? Le gouvernement a-t-il raison de vouloir les faire partir?

3. Certaines populations ne sont pas concernées par la nouvelle loi. Est-ce juste? Défendez votre point de vue.

4. Quels problèmes avec des immigrés y a-t-il aux Etats-Unis? Quelles mesures le gouvernement devrait-il prendre pour régler ces problèmes?

5. L'expulsion des immigrés est-elle possible aux Etats-Unis? Pourquoi ou pourquoi pas?

Utilisation du vocabulaire

1. Expliquez pourquoi ces deux titres—«Le Travail noir progresse dans l'ombre» et «La France balaie ses immigrés»— sont un peu ironiques. Suggérez d'autres titres possibles pour ces articles.

2. Dans le texte, l'expression *le travail noir* veut dire des travaux clandestins, non déclarés au gouvernement et sur lesquels on ne paie pas d'impôts. Expliquez le sens du mot *noir* dans les phrases suivantes:

a. **La bête noire** de mon professeur, ce sont les étudiants qui ne font pas leurs devoirs.
b. N'écoute pas ce qu'elle dit—elle **voit tout en noir.**
c. Furieuse, sa sœur lui a jeté **un regard noir.**
d. Les faits sont **écrits noir sur blanc.**
e. Appréciez-vous **l'humour noir?**
f. Récemment, Louis est toujours **d'une humeur noire.**

Rôle à jouer

Débat à quatre personnes: deux personnes défendent la position du gouvernement des Etats-Unis concernant les immigrés. (Elles peuvent dire que le gouvernement doit avant tout protéger ses citoyens, leur assurer du travail, etc.) Deux personnes défendent les droits des travailleurs étrangers. Elles peuvent parler des travaux que font les étrangers, de leur situation familiale et économique, etc. La classe votera pour l'un ou l'autre côté.

Discussion/ composition

Si vous deviez choisir une nationalité autre que la vôtre, laquelle choisiriez-vous? Expliquez votre choix. Quels seraient les avantages et les inconvénients de cette autre nationalité?

Projet

Trouvez des renseignements sur la Communauté Economique Européenne, c'est-à-dire, le Marché Commun: sur les pays-membres, son histoire, ses objectifs, son président, ses activités.

Vocabulaire

Immigrés: La France entre le droit et le devoir

carte de séjour *f.* alien
   registration card
carte de travail *f.* work permit
charbon *m.* coal
choquer to shock
citoyen, -enne *m., f.* citizen
compris: y compris including
se conduire to behave
se débattre to struggle (with)
s'engager to enter
franchi, -e crossed, taken
incitation *f.* incitement

main-d'œuvre *f.* manpower
ordures *f. pl.* garbage
pécule *m.* cash incentive
prendre: comment s'y prendre
   how to go about something
réduire to reduce
relever to pick up
renouvellement *m.* renewal
sort *m.* fate
subordonné, -e dependent
   upon

La France balaie ses immigrés

balayer to sweep
bénin, -igne mild
chômage *m.* unemployment
manœuvre *m.* (unskilled)
   worker
projet de loi *m.* bill

récemment recently
reconduire to escort someone
   back
selon according to
soulever to rouse

Le Travail noir progresse dans l'ombre

affiche *f.* poster
d'ailleurs moreover
amende *f.* fine
an *m.:* **bon an, mal an**
   taking one year with
   another
as *m.* ace; **la facture passe à**
   l'as the bill vanishes
autant pour for all that
boucler les fins de mois
   to make ends meet at the
   end of the month
effectué, -e accomplished
facture *f.* bill

faire appel à to call upon
fisc *m.* Internal Revenue
franchement frankly, openly
grève *f.* strike
inépuisable inexhaustible
instituteur, -trice *m., f.*
   elementary schoolteacher
jardinier, -ière *m., f.* gardener
marché *m.* market
peintre *m.* painter
pénible hard, painful
revendiquer to demand
syndicat *m.* labor union
versé, -e paid

Chapitre 7

Energie: A la recherche de nouvelles sources

Une installation d'énergie solaire dans les Pyrénées

Bricoleurs de génie

Le monde cherche fiévreusement des substituts au pétrole. Heureusement, il existe quelques prophètes qui cherchent depuis longtemps à domestiquer des énergies inhabituelles. Certains y réussissent. Jean-Luc Perrier et Manfred Steiner sont des bricoleurs de génie. Le premier a construit dans son jardin, près d'Angers, la deuxième centrale solaire de France. Le second, installé en Suisse, à côté de Vevey, s'éclaire grâce au fumier de ses vaches.

Jean-Luc Perrier: Du Soleil et de l'eau

«J'ai toujours vu grand», dit Jean-Luc Perrier en ajustant ses lunettes. Grand? Il y a là, dans son jardin, 50 tonnes de métal et de béton, 263 miroirs sur 100 m² de surface. C'est une centrale solaire, la deuxième de France. Il l'a construite en 5.000 heures de travail.

Au début, ses voisins l'ont pris pour un fou. «Je suis technicien comme d'autres sont musiciens. C'est héréditaire!» explique-t-il. A huit ans, le petit Perrier construisait sa première turbine. En classe on le réprimandait pour ses absences. Aujourd'hui, à 35 ans, il est professeur d'enseignement technique et passe tous ses loisirs dans son atelier. Il travaille même en vacances, dans son bureau à l'arrière de sa camionnette, «quand ma femme est à la plage.»

En 1972, il cherche un moyen pour obtenir un peu plus de lumière sur la face nord de sa maison. Faire tourner la maison? Le soleil n'arriverait que d'un seul côté. Il opte pour des miroirs. Sur les plans, ceux-ci se multiplient, le projet s'enfle et devient une énorme centrale solaire. Perrier achète 263 miroirs.

Avec un laser prêté par l'université, il règle ses miroirs pour faire converger les rayons solaires en un seul point. Seul toujours. En mai 1977, le four «héliotrope» est né. Que faire avec un tel appareil? Produire de la vapeur pour actionner une turbine. Et avec l'électricité obtenue, fabriquer de l'hydrogène. «L'hydrogène, c'est notre pétrole de demain», dit l'inventeur, enthousiaste.

A peine dit, déjà réalisé. Perrier a acheté une vieille Simca pour 250 francs qu'il a adaptée à l'hydrogène. Et elle roule! Sans polluer. Perrier utilise pour le moment l'hydrogène du commerce, mais il en produit aussi avec son héliotrope.

Perrier a résumé ses expériences dans un livre récent et donne des conférences devant des foules passionnées. «Avant, je travaillais dans l'ombre», dit-il. Aujourd'hui, il vit sous 263 soleils.

Adapté d'un article de Dominique Simonnet
L'Express

Manfred Steiner: L'Or du fumier

Déjà célèbre pour son chocolat et ses banques, la Suisse a aujourd'hui une nouvelle cause de gloire: Manfred Steiner, agriculteur dans le canton de Vaud. Il réussit à chauffer sa ferme, à sécher ses grains, à produire son propre courant électrique avec 35 vaches. Avec un gaz obtenu à partir de paille et de déchets de maïs, il fait rouler sa petite auto verte.

A 30 ans, Manfred Steiner possède une moustache, des cheveux roux et cet accent traînant qui vient de sa mère patrie, la Suisse alémanique. Et surtout, de l'imagination et un solide sens pratique.

Quand, à 26 ans, il quitte la ferme paternelle pour acheter 32 hectares de belle terre au nord du lac Léman, il calcule: un chauffage central au bois—et pas de bois—25.000 kWh d'électricité et 6.000 litres d'essence et de fuel chaque année. Tout cela représente de l'argent.

Manfred Steiner décide alors que le fumier de ses vaches pourrait devenir une sorte d'or noir, et il commence à le faire fermenter dans des bidons. Depuis, avec l'aide d'un ingénieur de Vevey, il a perfectionné son système.

Aujourd'hui, sa ferme se distingue de loin par les réservoirs cylindriques qui se dressent dans la cour et les nombreux tuyaux reliant les différents bâtiments. Dans un de ces cylindres, le travail de millions de bactéries transforme le fumier en biogaz. Ce biogaz fait marcher un générateur qui produit de l'électricité et qui chauffe l'eau nécessaire à la maison.

Bien sûr, cette autonomie énergétique ne va pas sans quelques petits problèmes. La belle machine tombe parfois en panne. Mais, le principal problème de Manfred Steiner est la foule de visiteurs. Agriculteurs, écologistes, scientifiques, et simples curieux envahissent sa ferme, lui laissant à peine le temps de cultiver ses champs. Le bilan, cependant, est largement positif: l'installation produit 50.000 kWh par an, dont la moitié est revendue. Et les vaches n'oublient pas de fournir du bon lait.

Adapté d'un article de Sylvie O'Dy
L'Express

M. Jean-Luc Perrier dans son jardin; derrière lui, les miroirs de sa centrale solaire.

Ranimez la flamme du centenaire

En redécouvrant le bois, comme moyen de chauffage, les Français ont aussi redécouvert le célèbre «petit Godin» (995 F en vente à la Samaritaine). Ils ne sont d'ailleurs pas les seuls, le chiffre à l'exportation de ce poêle a en effet été multiplié l'an dernier à cette époque par quatre par rapport à 1977. Il est vrai que le Godin ne se contente pas d'avoir le charme du rétro. Ses caractéristiques techniques en font aussi un chauffage très efficace.

Autre poêle rétro le «Godin colonial» (1.695 F et 1.995 F à la Samaritaine), fonctionnant en feu fermé, ou ouvert pour le plaisir des yeux.

Le Godin colonial

Le petit Godin

Jean-Luc Perrier: Du Soleil et de l'eau

1. Pourquoi Jean-Luc Perrier a-t-il construit une centrale solaire dans son jardin? Comment a-t-il commencé? Comment a-t-il procédé?

2. Que produit Perrier avec son héliotrope? Qu'est-ce qu'il en fait?

3. Selon Perrier, quelle est la solution aux problèmes énergétiques?

4. Quelles sont deux autres activités de Jean-Luc Perrier?

Manfred Steiner: L'Or du fumier

5. Quelle est la contribution de Manfred Steiner à la gloire de son pays?

6. Pourquoi Steiner a-t-il commencé son entreprise?

7. Décrivez la ferme de Steiner.

8. Quels sont les problèmes de cet agriculteur?

9. Que fait Steiner avec son surplus d'électricité?

Ranimez la flamme du centenaire

10. Le «petit Godin» dit avoir du charme. C'est là son seul mérite?

11. Le «petit Godin» est-il célèbre à l'étranger? Comment le savez-vous?

1. Qu'est-ce qui contribue à la crise énergétique dans le monde? Nommez au moins trois choses.

2. Est-ce que l'énergie nucléaire est une solution pratique à la crise énergétique? Pourquoi ou pourquoi pas?

3. Comment pourriez-vous diminuer immédiatement votre consommation d'énergie? Le faites-vous?

4. Dans quelle mesure les automobiles contribuent-elles au problème? Est-ce la faute des fabricants de voitures? Quelles solutions y voyez-vous?

5. Que pensez-vous des expériences de Jean-Luc Perrier et de Manfred Steiner? Sont-elles utiles ou seulement pittoresques?

Utilisation du vocabulaire

1. Trouvez dans le texte sur Jean-Luc Perrier les verbes qui correspondent aux noms suivants. Ensuite, faites des phrases qui illustrent le sens de ces verbes:

   a. la construction
   b. la fabrication
   c. l'option
   d. la production
   e. la multiplication

2. L'aspect technique de la ferme de Manfred Steiner s'oppose à son aspect agricole. En vous basant sur le texte, compilez deux listes de mots et d'expressions qui renforcent le contraste entre la machine et la nature. Une liste comprendrait des termes techniques, l'autre des termes associés à la ferme et à la nature.

Rôle à jouer

Imaginez que vous êtes le voisin (la voisine) de Jean-Luc Perrier ou de Manfred Steiner et que vous n'êtes pas du tout content(-e), d'habiter à côté d'une telle installation. Avec un(-e) ou deux ami(-e)s, allez le persuader d'abandonner ses projets fous. Un(-e) étudiant(-e) jouera le rôle de l'inventeur et se justifiera.

Discussion/ composition

Nous admirons les inventeurs et aimerions tous avoir ce talent qui contribue à simplifier les problèmes de l'ensemble de l'humanité. Qu'est-ce que vous aimeriez inventer pour simplifier votre vie? Pourquoi rêvez-vous de cet appareil ou de cette machine? Comment cette invention transformerait-elle votre vie et celle des autres?

Vocabulaire

Jean-Luc Perrier: Du Soleil et de l'eau

actionner to activate
atelier m. workshop
béton m. concrete
bricoleur m. handyman
centrale f. power plant
commerce m.: **du commerce** commercial
conférence f. lecture
domestiquer to harness
s'éclairer to light (by electricity)
s'enfler to swell
enseignement m. education

expérience f. experiment
fabriquer to manufacture
four m. furnace; oven
fumier m. manure, dung
génie m. genius
héliotrope m. heliotrope (flower that turns toward the sun)
inhabituel, -elle uncommon
loisirs m. pl. leisure time
obtenir to obtain
passionné, -e enthusiastic
polluer to pollute

Manfred Steiner: L'Or du fumier

alémanique German-speaking
bâtiment m. building
bidon m. storage drum
bilan m. balance sheet
biogaz m. biogas
canton m. district, canton (in Switzerland)
célèbre famous
cependant however
courant électrique m. electrical current
déchet m. scraps
se distinguer to stand out
se dresser to rise

fournir to supply
maïs m. corn
mère patrie f. mother country
or m. gold
partir: à partir de from
posséder to possess, be in possession of
relier to connect, tie
roux, rousse red-headed
tomber en panne to have engine trouble
traînant drawing
tuyau m. pipe; tube

Ranimez la flamme du centenaire

centenaire m. centennial
se contenter de to be content with
effet m.: **en effet** as a matter of fact, indeed

efficace effective
ranimer la flamme to rekindle the flame
rétro m. nostalgia

Chapitre 8

Le Slogan de combat— Travailler et vivre «au pays»

LENGUADOC LEVA-TE

L'OCCITANIE
un pays qui veut vivre!
un pais qui vol viure!

Qu'est-ce que l'Occitanie? L'Occitanie s'appelle aussi la Provence, le pays d'oc, aussi le Midi de la France. C'est toute une région du sud du pays. Elle comprend le secteur le plus connu des touristes français et étrangers—la Côte d'Azur, Nice, Cannes, Marseille.

Qu'est-ce que la langue d'oc? La langue d'oc, ou le provençal ou l'occitan, est la langue de l'Occitanie. C'est une langue qui ressemble autant à l'italien ou à l'espagnol qu'au français.

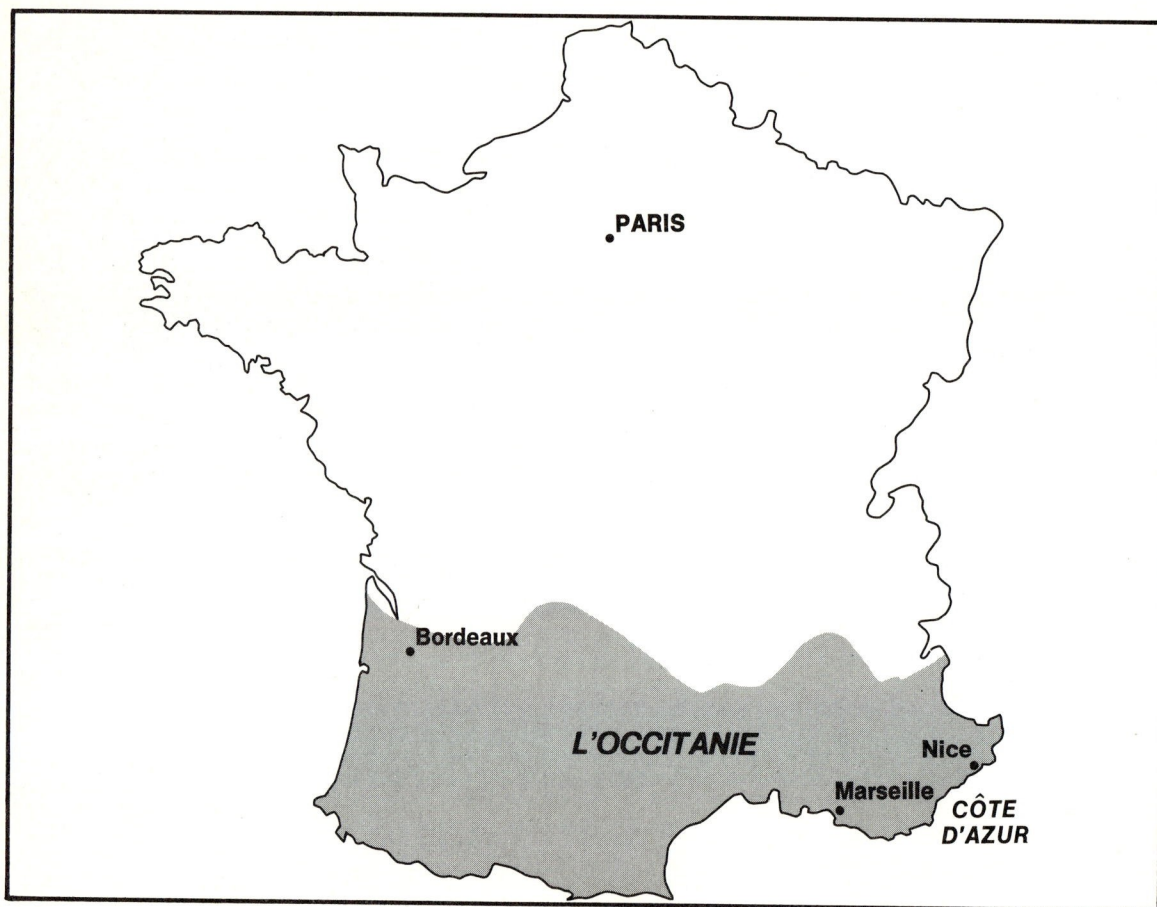

L'Occitanie: 13 millions de Français

Une prise de conscience, souvent désespérée, qui a commencé par des chansons.

L'Occitanie est surtout aujourd'hui une prise de conscience, plus sociale que politique, que l'on peut résumer ainsi: Première idée: le Languedoc n'a pas pour unique vocation d'être le «bronze-cul» de l'Europe. Deuxième idée: les gens d'ici veulent travailler et vivre «au pays».

Le leader viticole Emmanuel Maffre-Baugé est très clair là-dessus quand il affirme: «Je suis occitan parce que je suis né sur cette terre, parce que je la travaille et parce que je me demande pourquoi ma génération serait obligée de partir. Nous avons des particularités. Nous avons le droit d'orienter cette région vers ce qui nous semble être son salut économique.»

«Tu as le droit à la parole»

Un jour, un jeune homme de Carcassonne est venu dans une réunion de vieux occitanistes. Il avait fabriqué une très simple affiche en sérigraphie qui disait (en occitan): «Homme d'Oc, tu as le droit à la parole: parle!» Lui ne parlait pas beaucoup, mais il chantait. Il s'appelait Martí. Il y en a eu beaucoup d'autres depuis: Patric, Mans de Breish, Marie Rouanet, Daumas, Riquela, etc. A longueur d'année, ils sont présents dans les villages, les fêtes, les meetings ou dans les émissions régionales de Radio-France. Ils sont plus de 80 aujourd'hui à chanter leur pays, leurs espoirs et leurs révoltes. Ce sont eux qui ont remis la langue en circulation. Ensemble ils ont créé leur maison de disques coopérative à Béziers, Ventadorn, du nom d'un célèbre troubadour.

Il y a eu aussi le théâtre, tel que celui de la «Carriera» d'Arles, qui, avec des pièces au parfum fraternel et contestataire, comme «Vie et Résurrection de M. Occitania», «La Guerre du Vin» ou «La Liberté et la Mort», a mis en évidence la richesse d'une culture populaire occitane. Les spectateurs ont été ravis de réentendre leur patois. «On faisait de l'occitan sans le savoir», me disait l'un d'eux.

Il y a surtout V.V.A.P. (Volem viure al pais). C'est le grand mouvement occitan d'aujourd'hui. Il lutte contre «la colonisation économique, politique et culturelle», et entend regrouper «tous les jeunes qui en ont assez de s'exiler pour trouver un travail, tous les Occitans qui ne veulent pas que soient étouffées leur langue, leur culture et leur manière de vivre».

Jean Creiser
Le Figaro

Jacques Ressaire, du Parti Nationaliste occitan

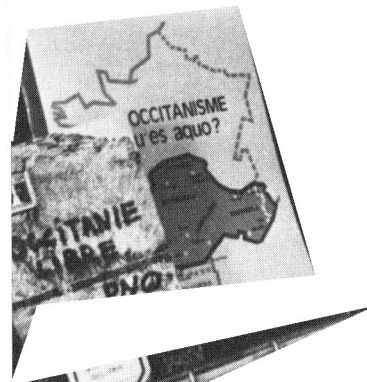

Les problèmes actuels de l'Occitanie

PEUPLE OCCITAN !

«Tout est touristique, touristiqué, et touristicable. Le tourisme est la potion magique qui sauvera de la misère du monde.

«Tout est bon. En fait, non! Tout est à prendre, tout est pris. Tout est en train d'être pris et vendu. Et c'est toute une longue histoire. Comme l'histoire politique, économique, culturelle de l'Occitanie: celle d'une série impressionnante de défaites.»

Occitania

...un pays exploité par Paris pour les grands intérêts capitalistes. Quand ils comprennent ce qu'on a fait d'eux—tout un peuple, avec sa langue, avec son histoire et sa personnalité, qu'on a dominé, une économie qui était encore prospère au siècle dernier, avec son industrie et son agriculture, qu'on a ruiné, pour servir des intérêts extérieurs, pour employer des hommes ailleurs, maintenant pour prendre les terres parce que le tourisme peut donner de gros profits—alors, oui, ils se sentent Occitans...

Le Monde

«Ils sont venus et nous ont pris la terre. Ils sont venus avec la force de l'argent», chante le poète occitan, Martí. C'est vrai. Le contrôle du pays d'oc, au plan touristique, c'est fait pacifiquement à coups de billets de banque, en transactions légales entre pauvres, réduits à vendre, et riches...»

Occitania

Place du Capitole à Toulouse

L'arène de Nîmes date du premier siècle après Jésus-Christ et pouvait accueillir 20.000 spectateurs.

le combat par le théâtre

MORT ET RÉSURRECTION DE M. OCCITANIA

Cette pièce est le résultat d'un travail collectif. Il a été réalisé par une troupe de comédiens amateurs de Lyon: Le Théâtre de la Carriera (Le Théâtre de la Rue). Dans la troupe il y a deux Occitans.

Tout commença par une enquête que nous avons faite en Occitanie dans l'idée de prendre part, au moins modestement, à la lutte de libération du peuple occitan.

...ce n'est pas le texte écrit et ainsi imprimé qui doit compter, ce sont l'endroit et la situation économique de l'endroit où il sera joué.

... Le texte... doit se plier aux exigences de la lutte.

Extrait de la préface

On a pillé ma région.
Les grandes banques se l'arrachent
Aux dernières élections
Le maître était Digèraplan
Banquier des USA
Grand chef de la Maffia
Banquier des USA

Citoyens:

Des promesses, on vous en a fait, des coups d'œil, des coups de pied sous la table, vous en avez eu, mais la région ne sort pas de ses problèmes. Pourquoi?... La volonté de nos élus est étouffée, la vie de nos collectivités locales paralysée, l'initiative de nos concitoyens est volée. L'état écrase, l'état brise, l'état mutile. La régionalisation par le tourisme est une mort lente par un poison. Moi, je propose la démocratie à sa source, le droit de la région à contrôler son argent, le pouvoir de la région, l'accession des élus à leur véritable responsabilité et des concitoyens à leur devoir civique...

Discours du candidat du parti occitan à la mairie
(personnage dans la pièce)

Questions sur le texte

L'Occitanie: Un Pays qui veut vivre

1. Quelles villes touristiques se trouvent en Occitanie?

2. Qu'est-ce que c'est que l'occitan?

L'Occitanie: 13 millions de Français

3. Nommez deux idées qui résument la prise de conscience de l'Occitanie.

4. Pour Emmanuel Maffre-Baugé, qu'est-ce que cela représente d'être Occitan?

5. Qui est Martí? Qu'est-ce qu'il a fait?

6. Aujourd'hui, quel est le rôle des chanteurs occitans? Comment ont-ils contribué au renouvellement de la langue?

7. Quelle a été la contribution du théâtre à la culture occitane?

8. Quels sont les objectifs de V.V.A.P.?

Les Problèmes actuels de l'Occitanie

9. Comment l'Occitanie a-t-elle été ruinée? Quelle en est la cause? Quel est l'effet du tourisme sur la région?

Le Combat par le théâtre

10. Qu'est-ce que le Théâtre de la Carriera veut combattre? A quoi la troupe théâtrale veut-elle prendre part?

11. Quel rôle le banquier et le grand chef de la Maffia jouent-ils dans le pillage de l'Occitanie?

12. Quelles solutions aux problèmes de la région le candidat du parti occitan propose-t-il?

À votre avis

1. Les Occitans forment un groupe à part en France. Ils ont leur langue, leurs traditions et leur héritage à eux. Quels groupes en Amérique pourrait-on comparer aux Occitans? Y a-t-il le même problème d'exploitation?

2. Les jeunes Occitans doivent souvent quitter leur pays pour trouver du travail. Que pensez-vous de cette situation? Est-ce bon pour la région, la famille et l'individu? Expliquez votre réponse.

3. Que préféreriez-vous faire? Rester dans votre région chez vous ou aller chercher du travail ailleurs? Si vous deviez aller dans une autre région chercher du travail, où préféreriez-vous aller? Quels en seraient les avantages et les inconvénients?

4. Pourquoi la chanson et le théâtre sont-ils de bons instruments de combat? Connaissez-vous des exemples de chansons ou de théâtres révolutionnaires?

5. La culture traditionnelle doit-elle être toujours ruinée par la modernisation? Comment peut-on garder l'une sans sacrifier l'autre?

Utilisation du vocabulaire

1. Dans ce chapitre, il y a beaucoup de mots et d'expressions qui évoquent l'idée de la lutte et des actions agressives (par exemple, *le combat, piller,* etc.). Trouvez-en au moins dix.

2. Expliquez l'emploi du mot *coup* dans les phrases suivantes:
   a. Il m'a donné **un coup de pied** sous la table.
   b. Du premier **coup d'œil,** nous savions qu'il était l'ennemi.
   c. Le contrôle du pays d'oc, s'est fait pacifiquement **à coups de billets de banque.**

3. L'expression *un pais qui vol viure* en langue d'oc veut dire «un pays qui veut vivre» en français. Comment diriez-vous les phrases suivantes en français?

    a. Lenguadoc, leva-te.
    b. Volem viure al pais.
    c. poble d'oc
    d. Occitan, a l'escola!

Rôle à jouer

Avec deux ou trois camarades de classe, écrivez une petite pièce de protestation que vous présenterez à la classe à la façon du Théâtre de la Carriera. Protestez, par exemple, contre la nourriture servie à la caféteria, les conditions académiques, un problème politique ou économique, la pollution, etc. Vous pouvez adopter une attitude sérieuse ou comique.

Discussion/composition

Quels sont les avantages et les inconvénients du développement touristique d'une région ou d'un pays? Discutez la question en termes économiques, sociaux, collectifs et individuels. Citez des exemples spécifiques pour défendre votre point de vue.

Projet

D'autres groupes luttent pour garder leur langue et leur identité. Cherchez des détails sur un des groupes suivants et présentez les résultats à la classe:

    a. les Bretons   d. les Québécois
    b. les Basques   e. les Cajuns
    c. les Alsaciens

L'Occitanie: 13 millions de Français

bronze-cul de l'Europe *m.*
    Europe's beach paradise
    (slang)
contestataire controversial
désespéré, -e desperate
émission *f.* broadcast
espoir *m.* hope
étouffer to suffocate, stifle; to
    stamp out
parfum *m.* overtone; scent
particularités *f. pl.*
    peculiarities

patois *m.* dialect
prise *f.:* **une prise de
    conscience** awareness,
    consciousness of
ravi, -e delighted
réunion *f.* meeting, gathering
salut *m.* well-being; salvation
sérigraphie *f.* silk screen
viticole grape-growing

Les Problèmes actuels de l'Occitanie

actuel, -elle current
défaite *f.* failure, defeat
impressionnant, -e impressive

misère *f.* poverty
pacifiquement peacefully
prospère prosperous

Le Combat par le théâtre

se l'arracher to snatch
    something up (for oneself)
briser to break
concitoyen, -ene *m., f.*
    fellow citizen
coup d'œil *m.* glance
élu *m.* elected official
imprimé, -e printed

mutiler to mutilate
personnage *m.* character (in a
    play, film)
piller to pillage
se plier à to bend, conform to
pouvoir *m.* power
prendre part à to participate in
véritable true, real

3

NOUVEAU VISAGE DE LA VIE SOCIALE

Chapitre 9

Sur la planète des jeunes

Le Bonheur à 20 ans

Selon une enquête faite par le gouvernement français, 74 pour cent des jeunes entre 14 et 24 ans s'estiment heureux ou assez heureux. Heureux, c'est-à-dire? Voyons comment les jeunes Français eux-mêmes définissent le bonheur.

Le Bonheur et l'argent

Jean-Marie Léon, 18 ans, célibataire, étudiant à Lyon: «Je ne dis pas que l'argent est primordial mais je suis certain qu'il est impossible d'être très heureux lorsqu'on doit constamment se débattre dans des situations financières difficiles. L'argent ne doit pas être un sujet de préoccupation. En fait, l'idéal serait d'exercer un métier à la fois intéressant et bien payé! Cependant, si j'avais à choisir l'un ou l'autre, je crois que j'opterais pour le métier le plus intéressant, bien que mal payé.»

Martine Paloux, 23 ans, mariée, un enfant, Toulouse: «Je crois que l'argent n'a pas la même importance quand on est jeune et quand on est vieux... enfin, je veux dire plus âgé que moi. Pour l'instant, je me contente de ce que nous avons mais je sais que les difficultés d'argent sont pour beaucoup dans l'échec d'un couple. Le manque d'argent est souvent une cause de malheurs.»

Le Bonheur et l'amour

«Ce qui compte le plus pour moi dans la vie, c'est l'amour. Ensuite vient l'amour et, enfin, l'amour», dit Edith Piaf.

Sur ce sujet brûlant, les jeunes réagissent très différemment suivant leur personnalité. Mais personne n'y est indifférent.

Louis Dormand, 19 ans, célibataire, étudiant à Paris: «Je crois qu'être heureux ou malheureux en amour n'a rien à voir avec le bonheur en général. On n'est pas amoureux 24 heures par jour chaque jour de sa vie.»

Françoise Mariani, 21 ans, célibataire, employée de Lyon: «Les amours ont une grande importance dans la vie... pas l'amour.»

Gérard Rabasset, 23 ans, marié sans enfant, aide-enseignant à Lille: «L'amour compte énormément dans la vie, mais encore faut-il s'entendre sur le sens donné à ce mot. Pour moi, ça signifie être bien avec quelqu'un, avoir envie de bâtir des choses ensemble.»

Le Bonheur et la liberté

Dix-huit personnes sur 40 interrogées ont placé la liberté en tête des conditions essentielles pour être heureux. Douze l'ont mise en seconde position. C'est elle qui remporte de loin la préférence.

Alain Tardy, 20 ans, célibataire, étudiant en droit à Toulouse: «Le bonheur, c'est avant tout la liberté de choisir l'orientation que l'on va donner à sa vie. Et cela spécialement dans le domaine professionnel.»

Jacques Chartereau, 22 ans, marié, un enfant, employé à Tarbes: «On ne peut pas dire qu'on soit totalement libre et c'est assez normal... on n'est pas seul. On est obligé d'accepter la volonté du plus grand nombre. Mais je crois que l'on peut s'en accommoder. L'idéal c'est de faire admettre sa propre originalité par les autres, et cela sans agressivité.»

Le Bonheur et la famille

Après la liberté et l'argent, mais avant l'amour, c'est la famille qui arrive en troisième position sur la liste des causes du bonheur. La majorité des jeunes Français s'estime satisfaite des rapports entretenus avec leurs parents et pensent que ceux-ci font le maximum pour les aider.

Lucienne Bellet, 22 ans, mariée, un enfant, esthéticienne à Toulouse: «J'ai eu une enfance très heureuse et je le dois à mes parents qui ont fait tout ce qu'ils ont pu pour m'aider. Même quand nous n'avions pas les mêmes opinions, ils essayaient au moins de me comprendre. C'est en fait grâce à eux que j'ai eu moins peur de fonder un foyer et d'avoir un enfant. Je suis d'ailleurs persuadée qu'une grande partie du bonheur tient dans la joie que l'on a à retrouver sa maison et les êtres chers.»

Que vous manque-t-il pour être totalement heureux?

Un environnement meilleur et mieux adapté est le souhait le plus fréquemment cité. La moitié des jeunes citadins rencontrés préféreraient habiter la campagne ou aménager la ville afin qu'elle soit moins inhumaine. Tous demandent des métiers plus variés mais la majorité considère que la «réussite» n'est pas fonction de la naissance, de l'argent ou de la chance, mais de sa propre volonté de réussir.

Enfin les loisirs tiennent une place importante dans leurs préoccupations. Beaucoup aimeraient avoir des possibilités plus grandes pour voyager. D'autres souhaiteraient que le temps de travail leur permette la pratique des arts: musique, peinture, etc. Et presque tous se plaignent de ne pas avoir le temps de faire ce qu'ils ont vraiment envie de faire.

Adapté d'un article de Guy-Pierre Bennet
20 Ans

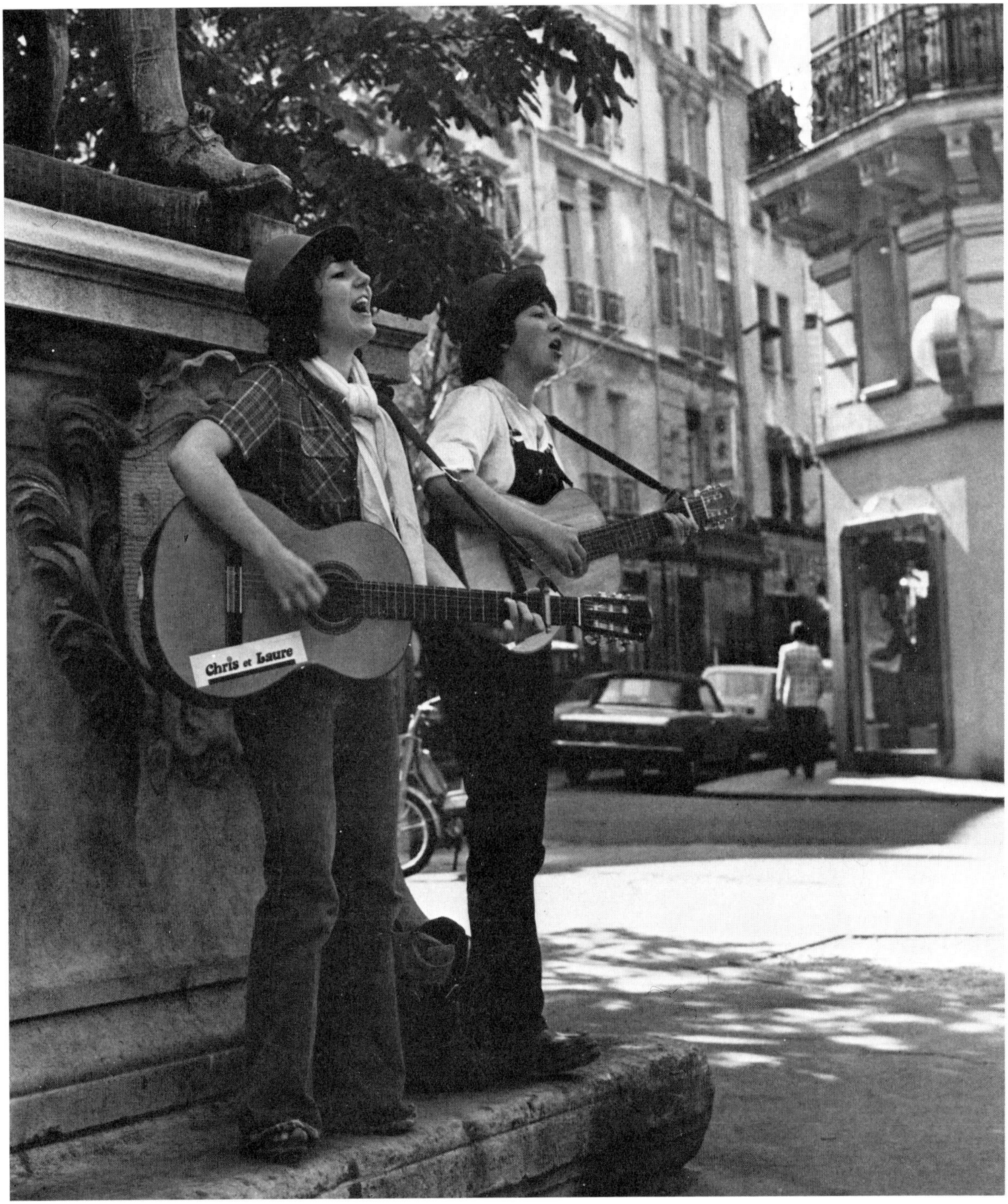
Chris et Laure

SUPERTENNIS:
SUPERGA.

La tige est en cuir nubuck. La semelle en polyuréthane expansé à double injection est dense et résistante au contact du court, légère et souple sous le pied. La ligne est italienne. La chaussure est de Superga. Modèle photographié : Dick Stockton 1. Autres modèles non présentés : Panatta et Léa Péricoli. **SUPERGA***sport* (S) Une gamme complète de chaussures de sport.

POINTS DE VENTE : TEL. 821.60.55

LES JEUNES FRANCAIS ET...

La Lecture

Les lycéens lisent peu:

    —43 pour cent ne lisent aucun journal

    —42 pour cent consacrent moins d'une heure par jour à la lecture (40 pour cent de une à deux heures).

Parmi les journaux lus par les lycéens (en dehors des publications propres aux jeunes), les quotidiens régionaux, *le Monde* et les hebdomadaires d'information *(l'Express, le Point, le Nouvel Observateur)* arrivent en tête.

Leurs auteurs préférés sont:

    —Zola (19, 6%)

    —Boris Vian (10, 8%)

    —Camus (9, 1%)

    —Sartre (5, 9%)

    —puis Victor Hugo, Baudelaire et Prévert.

Les lectures préférées sont dans l'ordre:

1. romans
2. bandes dessinées
3. science-fiction
4. policiers-espionnage
5. sciences humaines—politique
6. livres pratiques—guides de voyage
7. histoire

La Drogue

La consommation de drogues existe dans les lycées. Elle est, toutefois, moins importante qu'on a pu l'avancer: 82 pour cent des élèves n'ont jamais fumé de haschich; 97 pour cent n'ont jamais touché aux stupéfiants.

La grande majorité des lycéens pensent que même les drogues douces sont dangereuses; 29,2 pour cent seulement sont d'un avis contraire. La plupart pensent que c'est un engrenage fatal: «Ça commence par la frime et ça finit par une overdose.»

France-Education

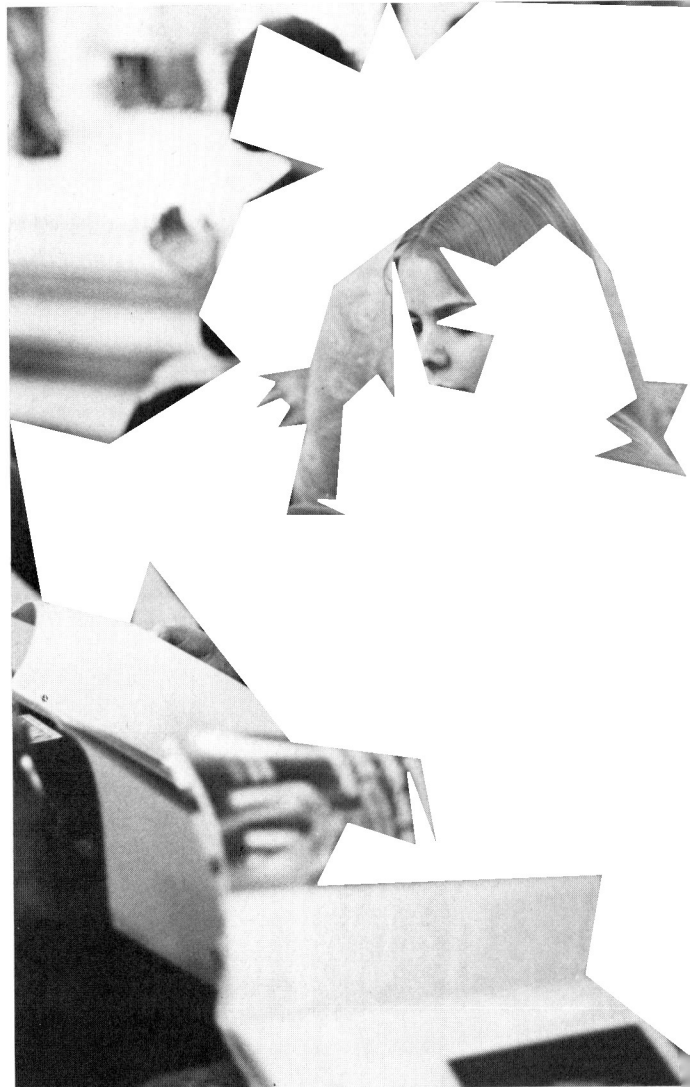

Questions sur le texte

Vrai or faux? Corrigez la phrase si elle est fausse.

Le Bonheur à 20 ans

1. Les trois quarts des jeunes Français se trouvent contents de leur vie.

2. Selon les jeunes Français, quand on est vieux, on s'intéresse de moins en moins à l'argent.

3. Jean-Marie aimerait mieux être bien payé que d'avoir un métier intéressant.

4. Les jeunes croient que l'amour est la chose la plus importante dans la vie.

5. D'après Jacques, on ne peut pas être libre s'il faut accepter la volonté du plus grand nombre.

6. Selon l'enquête, on range les causes du bonheur dans l'ordre suivant: la liberté, l'argent, l'amour, la famille.

7. La plupart des jeunes ont de bonnes relations avec leurs parents.

8. La réussite dépend de la naissance, de l'argent, de la chance et de sa propre volonté de réussir.

9. Les loisirs sont une source importante du bonheur.

Les Jeunes Français et...

10. Plus des trois quarts des jeunes Français passent moins de deux heures par jour à lire.

11. La plupart des auteurs mentionnés par les lycéens vivent encore aujourd'hui.

12. Parmi les lycéens, la fiction n'est pas aussi populaire que les autres genres.

13. La consommation de drogue n'est pas un problème sérieux parmi les jeunes Français.

14. Presque 30 pour cent des lycéens pensent que même les drogues douces sont dangereuses.

A votre avis

1. Rangez les aspects du bonheur selon l'importance qu'ils ont pour vous et expliquez votre choix. Citez d'autres sources de bonheur que vous trouvez importantes:

____ l'argent   ____ le métier
____ l'amour   ____ l'environnement
____ la famille   ____ les arts
____ les loisirs   ____ la réussite
____ la liberté   ____ autre chose (précisez)

2. Les jeunes Français ont-ils les mêmes attitudes envers le bonheur que les jeunes Américains? En quoi les valeurs des deux groupes se ressemblent-elles? En quoi est-ce qu'elles diffèrent?

3. On dit que la réussite n'est pas fonction de la naissance, de l'argent ou de la chance, mais de sa propre volonté de réussir. Etes-vous d'accord? Expliquez votre réponse.

4. Que pensez-vous de l'attitude des jeunes Français envers la lecture? Est-ce qu'ils lisent plus ou moins que les jeunes Américains? Pourquoi pensez-vous qu'ils ne passent pas plus de temps à la lecture?

5. La drogue est-elle un problème sérieux dans les lycées français? Et en Amérique? Etes-vous surpris(e) par les opinions citées dans le texte? Pourquoi ou pourquoi pas?

Utilisation du vocabulaire

Trouvez dans le texte «Le Bonheur à 20 ans» un nom qui correspond à chacun des verbes suivants. Ensuite, faites des phrases qui illustrent l'emploi de ces noms:

a. manquer
b. réussir
c. libérer
d. préoccuper

e. naître
f. souhaiter
g. préférer
h. pratiquer

Rôle à jouer

Avec un(-e) camarade de classe, imaginez une conversation entre Edith Piaf, qui a dit: «Ce qui compte le plus pour moi dans la vie, c'est l'amour. Ensuite vient l'amour et, enfin, l'amour», et quelqu'un qui ne pense qu'au travail, à l'argent et au succès.

Projet

Toute la classe répondra au sondage suivant. Ensuite, vous compilerez les résultats et analyserez leurs implications. Comparez vos réponses à celles des jeunes Français:

1. Combien de fois par semaine lisez-vous le journal?
   a. Tous les jours.
   b. Trois fois par semaine.
   c. Une fois par semaine.
   d. Jamais.

2. Combien de temps par jour consacrez-vous à la lecture (pas pour les cours)?
   a. Rien du tout.
   b. Une heure environ.
   c. Deux heures environ.
   d. Plus de deux heures.

3. Laquelle des sources d'information suivantes lisez-vous régulièrement? (Plus d'une réponse est possible.)
   a. Un quotidien régional.
   b. Le journal universitaire.
   c. Un hebdomadaire d'information.
   d. Autre (précisez).

4. Indiquez vos trois auteurs préférés.
   a. ____
   b. ____
   c. ____

5. Citez trois livres que vous avez lus récemment.
   a. ____
   b. ____
   c. ____

6. Citez trois livres que vous aimeriez lire si vous aviez le temps.
   a. ____
   b. ____
   c. ____

7. Rangez les types de lectures suivants dans l'ordre que vous les préférez:
   ____ romans
   ____ bandes dessinées
   ____ science-fiction
   ____ policiers-espionnage
   ____ sciences humaines—politique
   ____ livres pratiques—guides de voyage
   ____ histoire

Vocabulaire

Le Bonheur à 20 ans

s'en accommoder to put up with

aide-enseignant *m.* teacher's aide

bâtir to build

célibataire *m., f.* bachelor; unmarried person

citadin, -e *m., f.* city dweller, urbanite

constamment constantly

entretenir to maintain

esthéticien, -enne *m., f.* beautician

s'estimer to think, consider oneself

exercer to pursue, practice

financier, -ière financial

fois *f.:* **à la fois** both

fonder to found, start

fréquemment frequently

joie *f.* joy, happiness

naissance *f.* birth

primordial, -e of prime importance

réagir to react

remporter to win, gain

Les Jeunes Français et...

avancer to put forward (a proposal)

consommation *f.* taking, consumption

engrenage *m.* involvement

frime *f.* make-believe

hebdomadaire *m.* weekly publication

lecture *f.* reading

lycéen, -enne *m., f.* secondary-school student

policier-espionnage *m.* spy-detective story

quotidien *m.* daily newspaper

roman *m.* novel

stupéfiant *m.* drug

toutefois nevertheless; all the same

Chapitre 10

Quand les hommes et les femmes changent

Madame-le-Maire-à-tout-faire

Non, le bouleversement n'est pas total. Pourtant on trouve de plus en plus de femmes dans des métiers anciennement réservés aux hommes et de temps en temps, on trouve même des hommes dans le domaine des femmes.

Le téléphone sonne. Au bout du fil, le directeur d'un camping privé. «Mon égout est bouché. Que pouvez-vous faire pour moi?» Marinette Fournier, maire de Lacanau en Gironde, n'en finit pas de lui expliquer que, un samedi, elle n'a pas d'ouvriers sous la main et que la commune n'est pas tenue de dépanner les particuliers.

Madame le maire administre cette station sur la côte Aquitaine, étirée sur 22.000 hectares entre forêt et océan. Du sang-froid et de la détermination, Marinette, comme on l'appelle au pays, n'en manque pas. «Il faut avoir les nerfs solides, souligne-t-elle. Pour un oui ou pour un non, on la sollicite. Hier soir, à l'heure du dîner, un touriste m'a appelée chez moi pour que je lui trouve une chambre. L'autre jour, j'ai perdu un temps fou à négocier la suppression d'une contravention.»

Sa devise: «Tenter le maximum»; son secret:

«Aimer les gens». «Il n'y a ni commencement ni fin à mon travail, note-t-elle. Mes journées sont coupées d'imprévus: une noyade, un suicide, un incendie, une disparition et que sais-je encore.» Et puis, il y a la présidence de la commission de sécurité, l'inauguration d'une journée forestière, un vin d'honneur...

Pas question, l'été, de s'absenter de la commune plus de deux heures. «Lorsque je conduis mes deux enfants à la plage, j'en profite pour visiter mes postes de surveillance. Lorsque j'ai rendez-vous chez mon notaire pour mes affaires personnelles, j'emporte avec moi des dossiers municipaux que je consulte dans la salle d'attente.»

«Je vis sur un rythme que je ne veux pas imposer à mon personnel, insiste Marinette Fournier. Il faut être humain. Et puis, vous connaissez la façon de voir actuelle, les 40 heures...»

Jacques de Barrin
Le Monde

Quand les hommes changent aussi

Les femmes parlent mais est-ce que les hommes entendent? Il y a des hommes qui ne restent pas immobiles quand les femmes bougent. Ils ne sont pas nombreux mais ils existent. Le partage des tâches de la maison, de l'éducation des enfants, c'est déjà quelque chose. Mais certains hommes vont plus loin.

Henri Marsal était professeur. Il démissionne en 1967. Il raconte son parcours:

«Je quitte l'enseignement, je fais du droit puis divers métiers, tous décevants. Et un jour je me dis «Ma femme est médecin. Je vais rester au foyer.» Je m'occupe donc de la maison. Je fais le ménage, les courses, les repas sauf les repas plus raffinés, car je ne suis pas à la hauteur et ma femme adore cuisiner.

«Mon expérience m'a enseigné que les contacts sociaux passent par le métier. Il y a votre figure sociale. Vous êtes pharmacien ou dentiste, vous occupez un lieu dans la communauté. Mais, sans emploi, vous n'avez plus de lieu, vous êtes nulle part, vous n'êtes plus. Moi, je n'en souffre pas car on me connaît. J'ai des amis et puis je m'impose. Mais je comprends que pour une femme, si elle est déjà un peu effacée, cette non-inscription dans la société soit aliénante.

«Je ne resterai peut-être pas toujours à la maison. Mais je participerai toujours aux tâches communes. Je suis juste. Et ces couples dans lesquels la femme travaille dehors et dedans, ce n'est pas juste. Ça nous prépare sûrement des divorces.

«On peut comprendre qu'une femme préfère rester au foyer. L'ennui c'est qu'on la complexe. On lui dit que ça n'a pas de sens, qu'elle rate sa vie. Cela c'est l'influence des médias, et les femmes y sont plus sensibles que les hommes.»

Les garçons très jeunes acceptent-ils avec moins de réticence la nouvelle parole des femmes? Sans en tirer de conclusions générales, Philippe B., 17 ans, explique ce qu'il pense: «Oui, en classe, on parle souvent de ces questions-là. Les discussions sont passionnées. Pour moi, la question féministe est indissociable de la question politique. Ceux qui sont hostiles au M.l.f. (Mouvement de libération de la femme) ce sont toujours des types de droite, des types qui sont pour la conservation, la tradition.

«Moi, chaque fois qu'il y a ce genre de discussion, je m'aperçois que je suis du côté des filles. Il m'arrive d'aller plus loin qu'elles, car elles sont quand même très modelées par leur éducation. Et il faut bien remarquer qu'elles sont moins à l'aise que les garçons dès qu'on parle de problèmes sociaux ou politiques. Elles se taisent. Elles sont comme intimidées.

«Beaucoup de types ne supporteraient pas l'idée, dans leur métier, d'être commandés par une femme. Moi, je ne vois là aucune différence. Je me sens plus à l'aise dans la compagnie des femmes. J'aime mieux parler avec elles, les discussions sont plus intéressantes, plus profondes. Mais, il ne s'agit pas de se substituer à elles dans le combat qu'elles mènent. Si vous voulez, à la fois, je fais mien ce combat, mais c'est leur combat à elles. Si je peux leur apporter une aide, alors je le fais. C'est pourquoi je replace leur lutte dans un contexte plus large, un contexte politique, l'effort pour transformer la société.»

Hommes et femmes changent. Pas tous, pas toutes, mais ces quelques exemples disent déjà que des mondes nouveaux se découvrent chaque jour. Des mondes dont nous commençons à peine à entrevoir l'étendue.

Gilles Lapouge
F Magazine

Le Ménager

Madame-le-Maire-à-tout-faire

1. Quel était le problème du directeur du camping? Est-ce que Madame le maire a pu l'aider? Pourquoi ou pourquoi pas?

2. De quelles qualités personnelles le maire ne manque-t-elle pas?

3. Quelles sortes d'imprévus interrompent constamment la journée du maire?

4. Qu'est-ce qu'elle fait quand ses enfants sont à la plage?

5. Est-ce que le maire exige les mêmes attitudes de ses employés qu'elle exige d'elle-même?

Quand les hommes changent aussi

6. Pourquoi Henri Marsal a-t-il décidé de s'occuper de la maison?

7. Selon lui, quelle est l'importance du métier dans la vie sociale? Est-ce que Marsal souffre personnellement de son manque de métier? Pourquoi ou pourquoi pas?

8. Pourquoi Marsal participera-t-il toujours aux tâches ménagères?

9. D'après Marsal, comment est-ce que les médias complexent les femmes?

10. Selon Philippe B., qui est contre le M.l.f.? Et lui, qu'en pense-t-il?

11. Selon Philippe, pourquoi les filles hésitent-elles à s'exprimer sur des questions sociales et politiques?

12. Quel rôle Philippe se donne-t-il dans le combat des femmes contre la tradition? Selon lui, qu'est-ce qu'il ne peut pas faire?

A votre avis

1. Marinette Fournier est-elle un bon maire? Pourquoi croyez-vous qu'elle essaie de tout faire?

2. Beaucoup d'hommes (et de femmes) ne peuvent pas supporter l'idée de travailler pour une femme. Pourquoi? Quelle est votre attitude? Préférez-vous que votre patron soit un homme ou une femme? Vos professeurs? Votre médecin? Votre psychiatre?

3. Relisez avec soin le commentaire de Philippe B. Est-il vraiment aussi féministe qu'il le dit? Trouvez-vous des contradictions entre ses paroles et ses actions?

4. Croyez-vous que les jeunes hommes soient plus libéraux que leurs aînés en ce qui concerne le rôle des femmes et des hommes à la maison et au travail? Citez des exemples qui renforcent votre argument pour ou contre cette idée.

5. Comment votre vie est-elle (ou sera-t-elle) différente de celle de vos parents grâce aux efforts du Mouvement de libération de la femme?

Utilisation du vocabulaire

Un mot apparenté est un mot français qui ressemble à un mot anglais et qui a un sens semblable. Par exemple, le mot français *le domaine* et le mot anglais *domain* veulent dire la même chose. Par contre, un faux ami est un mot français qui ressemble à un mot anglais mais qui veut dire quelque chose d'autre. Par exemple, le mot français *actuel* veut dire «en ce moment», et non pas «actual» ou «real». Est-ce que les mots suivants sont des mots apparentés ou de faux amis? Employez chacun dans une phrase qui illustre son sens:

a. le particulier
b. solliciter
c. la devise
d. l'éducation
e. les courses
f. rester au foyer
g. sensible
h. le genre

Rôle à jouer

1. Vous êtes le nouveau maire de Lacanau et les personnes suivantes viennent vous demander de l'aide. Que faites-vous dans chacun des cas?

   a. Le directeur du camping privé a un égout bouché.
   b. Votre voisine a reçu une contravention pour avoir roulé trop vite en plein centre de la ville.
   c. Un touriste ne peut pas trouver de chambre.
   d. Votre fils rapporte la disparition de votre mari (ou de votre femme).

2. Imaginez la conversation entre un jeune homme et son père quand le fils annonce ses intentions de démissionner de son travail et de rester au foyer pour s'occuper des enfants et du ménage. Le père peut être très conservateur, assez libéral ou même envieux.

Discussion/composition

Imaginez la famille de l'avenir. Comment voyez-vous les rôles des hommes et des femmes en comparaison à notre situation actuelle? Quelle sera la condition des enfants? Quels seront les changements les plus remarquables? Quelle est votre opinion concernant ce qui devrait changer? Ne pas changer?

Projet

Préparez un sondage d'opinion que vous soumettrez à une dizaine de personnes concernant les rôles des femmes et des hommes en général. Vous pouvez vous inspirer des questions suivantes, les adapter, les remplacer à votre goût. Ensuite, présentez les résultats à la classe et discutez-les.

1. Toutes les professions devraient être ouvertes également aux femmes et aux hommes.
   ___ Absolument d'accord.
   ___ Plutôt d'accord.
   ___ Pas tout à fait d'accord.
   ___ Incertain(-e).

2. Certaines professions sont trop dangereuses ou trop pénibles pour les femmes.
   ___ Oui, certaines.
   ___ Non, les femmes peuvent faire tout ce que font les hommes.
   ___ Je ne sais pas.

3. Certaines professions sont plus appropriées aux femmes qu'aux hommes.
   ___ Oui, je préfère voir des institutrices plutôt que des instituteurs, par exemple.
   ___ Non, il ne s'agit que de rôles traditionnels.
   ___ Je ne sais pas.

4. Il y a aujourd'hui très peu de discrimination contre les femmes dans les professions.
   ___ Non, il en existe encore beaucoup.
   ___ Il en existe moins qu'avant, mais trop encore.
   ___ Je suis d'accord, il y a très peu de discrimination.
   ___ Je ne sais pas.

5. Dans quelques années, on verra souvent des hommes rester à la maison s'occuper des enfants.
   ___ Cela m'étonnerait beaucoup.
   ___ Il y aura autant d'hommes que de femmes.
   ___ Ni les hommes ni les femmes ne s'occuperont des enfants.
   ___ Les hommes n'accepteront jamais de rester à la maison.

6. Le Mouvement de libération de la femme est moins important maintenant qu'il y a quelques années.
   ___ C'est vrai.
   ___ Non! Il est plus important.
   ___ Il fait moins de bruit, mais il est tout aussi important.
   ___ Je ne sais pas.

7. L'avenir de la famille dépend de l'égalité entre femmes et hommes.
   ___ Absolument.
   ___ La famille n'a pas trop d'avenir.
   ___ Je ne sais pas.

Vocabulaire

Madame-le-maire-à-tout-faire

bouleversement *m.* overthrow, upheaval
commune *f.* town
contravention *f.* traffic ticket
dépanner to pull someone out of difficulties
devise *f.* motto
dossier *m.* file
égout *m.* sewer; drain
étiré, -e stretched
finir: en finir de to be at an end of (an action)
incendie *m.* fire
maire-à-tout-faire *m.* mayor and jack-of-all-trades
nerf *m.* nerve

notaire *m.* lawyer
noyade *f.* drowning
particulier *m.* private individual
privé, -e private
profiter de to take advantage of
salle d'attente *f.* waiting room
sang-froid *m.* composure
solliciter to request (a favor)
souligner to underline, emphasize
vin d'honneur *m.* honorary reception at which wine is served

Quand les hommes changent aussi

s'apercevoir to notice, realize
bouger to stir about, move
complexer to give one a complex
cuisiner to cook
décevoir to disappoint
démissionner to resign
dès que as soon as, when
entrevoir to catch a glimpse of
étendue *f.* expanse, extent
être à la hauteur to be up to the mark

faire du droit to practice law
faire sien to appropriate; to espouse (as a cause)
indissociable inseparable
parcours *m.* route
parole *f.* (spoken) word
partage *m.* sharing; division
rater to fail, ruin
sauf except
sensible sensitive
souffrir to suffer
tâche *f.* task, chore

Chapitre 11

Les Passions d'un pilote d'empire

Olivier Dassault, héritier de milliards et rêveur qui
prépare l'avenir

Olivier Dassault—Héritier d'un empire, homme d'affaires et artiste

Son grand-père, Marcel Dassault, est l'inventeur des Mirages et de douzaines d'autres avions vendus partout dans le monde. Lui, Olivier Dassault, fait partie de cette génération de jeunes Français qui prépare l'avenir. Qui est-il? Que fait-il? Que pense-t-il? Michèle Lonsdorfer nous le presente dans l'article suivant.

Qui est ce jeune prince héritier des milliards de son grand-père? Il se présente aux élections du 12e arrondissement, devient conseiller de Paris, produit des films, écrit de la musique, trouve encore le temps de piloter les avions Dassault aux quatre coins de la planète et de sortir trois livres de photographie en trois ans. C'est pratiquement trop beau pour être vrai, cela semble trop pour un seul homme en tout cas!

«Pourquoi? explique Olivier, 29 ans, l'air amusé. Il suffit de savoir s'organiser. Si on se donne à fond, une activité délasse de l'autre. Et puis, si je peux entreprendre beaucoup de choses, c'est aussi parce que je sais bien m'entourer. Je crois fermement aux vertus du travail en équipe.»

L'organisation n'est pas le seul secret d'Olivier Dassault. Une solide formation l'a rompu à une sévère discipline. Après des études de Mathématiques Supérieures, il est entré à l'Ecole de l'Air de Salon de Provence dont il est sorti ingénieur en 1974. En 1975, il obtient son diplôme de pilote professionnel et puis en 1977, un diplôme d'Etudes Approfondies de Mathématiques.

«J'ai toujours senti qu'il fallait que je fasse plus parce que j'ai reçu plus. C'est vrai qu'on me catégorise toujours en tant qu'héritier de l'empire Marcel Dassault; moi, je considère que le véritable héritier c'est mon père Serge.

Il se trouve que mon grand-père a construit une entreprise qui s'occupe d'aviation, mais ce domaine me passionne moi-même. Il n'y a pas de jours où je n'aie pas envie de dépasser une nouvelle qualification sur un nouvel avion qui sort des ateliers. Je ne crois pas à l'héritage de l'autorité; elle se gagne et se mérite par la compétence.»

Olivier le continuateur

Contrairement à ce qu'on pourrait imaginer, l'enfance d'Olivier ne fut pas particulièrement gâtée. «On m'a très tôt enseigné la valeur de l'argent et un certain sens des responsabilités. Plutôt que de demander de l'argent à mes parents, j'essayais d'en gagner moi-même en faisant des petits travaux. J'ai très vite compris que mon nom m'obligeait à faire davantage, et puis j'aime assez les défis.»

Héritier d'un empire, Olivier pourrait se sentir prisonnier d'un certain système, un peu étouffé par la grande ombre de son grand-père: «Bien au contraire, je l'admire immensément. Il m'a ouvert la voie, m'a toujours épaulé mais je me sens libre de prendre les orientations qui me conviennent. De toute façon, je n'aime pas le titre d'héritier, je préfère celui de continuateur à celui de successeur. Mon grand-père et moi avons des relations très affectueuses et très franches. Il

n'hésite pas à me donner un avis défavorable sur ma musique ou mes photos si elles ne lui conviennent pas. Je suis ingénieur et mathématicien d'accord, mais je suis aussi le neveu de Darius Milhaud et un passionné de musique. Photographie et musique sont pour moi des formes idéales d'écriture. Elles expriment la fascination que j'ai toujours eue pour l'audio-visuel et me permettent de traduire ma sensibilité... c'est très spontané.»

Oliver le gémeaux

Symbole de la personnalité double d'Olivier Dassault: l'homme d'affaires vient de créer «Interpromotion» pour la production de films courts métrages, films publicitaires et industriels, mais Olivier le rêveur est en quête d'un «Petit Prince» pour illustrer à sa manière le conte de Saint-Exupéry et peut-être en faire un film.

«L'essentiel, conclut Olivier, est d'entreprendre. Le plus dur, c'est de commencer, mais quel que soit le niveau auquel on débute, il ne faut jamais se décourager. On ne trouve pas sa voie tout de suite mais le plus important c'est d'avoir une passion. Les passionnés sont toujours les plus heureux au niveau de l'action, s'ils ont une direction à suivre et quelque chose à créer et l'obstination pour le faire. Je ne crois pas aux gens qui ne croient en rien.»

Michèle Lonsdorfer
Journal Français d'Amérique

Le Mirage F-1, avion de combat

L'EMPIRE DASSAULT

L'empire Dassault a débuté en 1947 par une petite usine à Mérignac, dans le sud-ouest de la France. Aujourd'hui, Dassault a des usines, centres de recherches et bureaux dans tous les coins du pays. Près de 20.000 employés travaillent directement pour cette entreprise, une des plus importantes en France. En moins de 30 ans, la Société des Avions Marcel Dassault et ses sociétés associées ont construit près de 4.000 avions de tous types. Parmi les plus importants, notons la série des Mirages, avions de combat en service dans une vingtaine de pays plus la France. En matière d'avions civils, Dassault est particulièrement fier de la réussite de sa série Mystère-Falcon, vendue dans 40 pays du monde.

La maison Dassault collabore à de nombreux programmes de recherches au niveau national ainsi qu'international. Dans ses quatre bureaux d'études de St-Cloud, Vélizé, Mérignac et Toulouse, s'effectuent chaque année plus de trois millions d'heures de recherches et travaux de développement dans les domaines les plus divers: avions de combat, transports conventionnels, avions d'affaires ou d'entraînement et bien d'autres encore.

Olivier Dassault—Héritier d'un empire...

1. Qui est Marcel Dassault?

2. Nommez certaines des occupations d'Olivier Dassault.

3. Quelles études a-t-il faites?

4. Que dit-il de son enfance?

5. Comment sont les rapports entre Olivier et son grand-père?

6. Comment voit-il son rôle d'héritier?

7. Quels sont les projets auxquels il travaille maintenant?

L'Empire Dassault

8. Décrivez l'empire Dassault. Quelle est son origine? Que devient-il aujourd'hui?

A votre avis

1. Commentez les déclarations suivantes d'Olivier Dassault. Etes-vous d'accord avec lui ou non? Citez des exemples qui illustrent votre point de vue.

   a. Si on se donne à fond, une activité délasse de l'autre.
   b. Je crois fermement aux vertus du travail en équipe.
   c. Je ne crois pas à l'héritage de l'autorité; elle se gagne et se mérite par la compétence.
   d. Les passionnés sont toujours les plus heureux au niveau de l'action, s'ils ont une direction à suivre et quelque chose à créer et l'obstination pour le faire.

2. Quels adjectifs utiliseriez-vous pour décrire Olivier Dassault? Aimeriez-vous faire la connaissance de ce monsieur? Pourquoi ou pourquoi pas?

3. Pourquoi serait-il difficile d'être l'héritier d'un empire comme celui des Dassault? Quels en sont les avantages?

4. Comment expliquez-vous la personnalité double d'Olivier Dassault—homme d'affaires qui est à la fois artiste?

Utilisation du vocabulaire

Trouvez dans le texte des noms qui correspondent aux verbes suivants. Ensuite, faites des phrases qui illustrent l'emploi de ces noms:

a. entreprendre
b. succéder
c. passionner (deux mots)

d. hériter (deux mots)
e. continuer

Rôle à jouer

Préparez au moins dix questions que vous aimeriez poser à Olivier Dassault. Par exemple, vous pourriez l'interroger pour découvrir ce que représente le nom Dassault en France, quelles études il a faites, ce qu'il fait actuellement, quels sont ses goûts, quelles sont ses attitudes envers la fabrication des avions de combat, etc. Ensuite, posez vos questions à un(-e) camarade de classe qui jouera le rôle de Dassault ou qui donnera son propre point de vue.

Discussion/ composition

Imaginez que vous êtes l'héritier (l'héritière) d'un grand empire industriel. Quelle industrie choisiriez-vous? Comment cette situation changerait-elle votre vie? Qu'est-ce que vous feriez que vous ne faites pas maintenant? Qu'est-ce qui ne changerait pas?

Projet

La France et la Grande Bretagne ont construit ensemble un avion supersonique, le Concorde, qui a provoqué de grandes controverses. Quels sont les avantages et les inconvénients de cet avion? Quelle est la situation actuelle du Concorde aux Etats-Unis? Quelles villes sont sur son itinéraire? Pourquoi aimeriez-vous ou n'aimeriez-vous pas faire un voyage en Concorde?

Vocabulaire

Olivier Dassault—Héritier d'un empire...

approfondi, -e advanced; in-depth
arrondissement *m.* administrative district in Paris
avenir *m.* future
conte *m.* story
créer to create
davantage more
défi *m.* challenge
délasser to provide a change
écriture *f.* writing
entreprendre to undertake (to do something)
épauler to help; to back up

fermement firmly
gâté, -e spoiled, pampered
gémeaux *m. pl.* Gemini (sign of the Zodiac)
héritier, -ière *m., f.* heir, heiress
métrage *m.*: **court métrage** short film; **long métrage** full-length film
niveau *m.* level
quête *f.* search, quest
rompre to break in, train
suffir to suffice, be sufficient
se trouver to happen

L'Empire Dassault

débuter to begin
entraînement *m.* training

Chapitre 12

Fermes à restaurer – Châteaux à vendre

Le Rêve de la résidence secondaire

Louis et Françoise Bourgeois, 42 ans tous les deux, universitaires et enseignants. Trois enfants, 12, 10 et 5 ans: «Nous habitions dans la banlieue ouest de Lyon. Lassés des trajets incessants pour regagner notre domicile, nous avons cherché à acheter en ville. Peine perdue: tout était trop cher ou trop petit. Finalement nous avons loué un appartement ancien près des facultés et acheté une maison en haute Provence, à une heure et demie de Lyon, par l'autoroute. C'est devenu le rendez-vous de toute la famille et des amis.»

C'est l'histoire typique et, pratiquement, le portrait-robot du ménage français (citadin, deux salaires, de jeunes enfants) qui décide d'acquérir une maison de campagne.

Si la course folle à la fermette des années soixante est aujourd'hui quelque peu dépassée, les professions de foi des nouveaux ruraux restent vibrantes. Plus des deux tiers de ces maisons de loisirs demeurent situées à la campagne. Plus de la moitié, construites avant 1914, sont des maisons rurales rénovées.

Nichée au cœur de la France profonde—en moyenne à 253 km du domicile de son possesseur—la «vieille bicoque à retaper» représente, encore et toujours, pour nos compatriotes, arrière-petits-enfants de paysans, le prototype de l'habitat idéal, le foyer de la «vraie vie» rêvée—celle des vacances et des week-ends, même si l'entretien et les charges d'une maison représentent une petite fortune.

Un seul problème: comme cet entichement dure depuis une vingtaine d'années, le nombre de ces fermes à aménager diminue. En région parisienne et en haute Normandie, dans le Périgord et en Provence, il n'y a plus guère de maisons à restaurer ni même de «tas de pierres»—tout juste, éventuellement, quelques châteaux en ruine.

Certes, les maisons rurales deviennent rares—très recherchées des citadins, car les agriculteurs hésitent de plus en plus à les vendre. Soit qu'ils découvrent le tourisme vert: «Ils préfèrent, explique M. de Chalin, responsable touristique, transformer leurs fermes en gîtes ruraux, ou en locations meublées.» Soit que les agriculteurs se portent acquéreurs dès qu'un terrain est à vendre et bloquent l'affaire.

Que pensent les ruraux?

Que pensent les ruraux de cet afflux de gens des villes envahissant leur territoire? Les cas de conflits entre résidents secondaires et indigènes sont rares. La plupart du temps, les avis sont nuancés: «D'un côté, explique René Bruxereaud, maire de Mailhac-sur-Benaize, cela sauve un certain patrimoine et les travaux de rénovation font travailler les artisans du pays. Mais, de l'autre, cela peut mettre en cause un équilibre fragile, nous transformer en une espèce de réserve et ce sont les paysans qui finissent par devenir étrangers dans leur commune!»

Une vieille maison, tous les campagnards du dimanche finissent par l'avouer, cela ne répond pas à un calcul logique. C'est une affaire de cœur. Un coup de foudre entre hommes et pierres. Dommage que les «gens du pays» ne fassent pas toujours partie du paysage.

Catherine Bergeron
Le Point

PAS D'ACHETEURS POUR LES CHATEAUX

Pendant que les citadins s'arrachent les dernières vieilles maisons pour les restaurer, d'autres constructions du passé tombent en ruines ou bien sont démolies. Il s'agit de châteaux comme celui dont parle l'article suivant.

Château en pièces détachées

Le propriétaire de ce château n'a pas trouvé d'acquéreur en France.

Il a cédé sa propriété à un démolisseur belge, qui le revend morceau par morceau. Deux tours de ce château iront en Hollande, une en Angleterre, une autre en Belgique. Les portes et les fenêtres seront vendues au détail.

Comme beaucoup d'autres, le château de Cimbre, édifié au 19e siècle sur le modèle des châteaux médiévaux ou Renaissance, n'est qu'une copie. Il ne peut donc être ni classé ni inscrit à l'inventaire des monuments historiques. Bien que remarquablement construites et avec un grand souci de détail, ces demeures sont d'un entretien de plus en plus coûteux. Leurs propriétaires ne peuvent bénéficier d'aucune aide publique. Ils ont aussi de la peine à les vendre à bon prix, car elles ne sont pas «d'époque».

Placé dans cette situation et accablé d'impôts, le propriétaire du château de Cimbre a dû se résoudre à céder la bâtisse morceau par morceau à des amateurs d' «antiquités».

Le Californien

Le château de Cimbre-en-Terce au moment de sa démolition

Le Rêve de la résidence secondaire

1. Décrivez le ménage français typique qui achète une résidence secondaire.

2. A quel genre de maison ces Français s'intéressent-ils? Où se trouvent ces maisons?

3. Pourquoi ces maisons sont-elles maintenant difficiles à trouver?

4. Selon les habitants de la campagne, quels sont les avantages et les inconvénients de cette invasion citadine?

A vendre—Château de Lamezan

5. Comment le château de Lamezan est-il chauffé?

6. Est-ce que le château est cher?

7. Qu'est-ce qui recommanderait le château à un citadin qui voudrait quitter la ville?

8. Comment savez-vous que vous trouveriez tout confort au château de Lamezan?

Pas d'acheteurs pour les châteaux

9. Pourquoi le propriétaire du château de Cimbre a-t-il été obligé de le vendre?

10. Comment et à qui le château a-t-il été vendu?

11. En quoi cet exemple est-il typique de ces demeures? Pourquoi les propriétaires ont-ils de la peine à les vendre à bon prix?

A votre avis

1. Comment expliquez-vous en Europe et en Amérique la popularité de la restauration de vieilles maisons?

2. L'article décrit ces vieilles fermes comme le «prototype de la vraie vie rêvée». Quelle est, pour vous, la vie rêvée? Comment serait votre maison idéale? Comment vous y occuperiez-vous?

3. Aimeriez-vous ou n'aimeriez-vous pas passer vos vacances dans un hôtel rustique ou dans une vieille ferme? Pourquoi ou pourquoi pas?

4. Que pensez-vous du problème des châteaux en ruine? Y a-t-il des problèmes semblables en Amérique?

Utilisation du vocabulaire

1. Dans l'introduction du deuxième article on dit que les citadins *s'arrachent* les dernières vieilles maisons françaises. Pourquoi ce verbe est-il efficace dans cette phrase? Voici d'autres usages du même verbe. Pouvez-vous les expliquer?

   a. Il faut **arracher** les mauvaises herbes du jardin.
   b. Les actions de son fils la rendent folle; elle **s'en arrache les cheveux.**
   c. Il n'a rien dit de la soirée; on n'a pas réussi à lui **arracher** une seule parole.

2. Que se passe-t-il quand un édifice tombe en ruine? Le verbe *tomber* s'utilise dans de nombreuses expressions—par exemple, **tomber malade** ou **tomber en panne.** Expliquez le verbe *tomber* dans les phrases suivantes:

   a. Le gouvernement **est tombé** peu après la manifestation.
   b. La nuit venait de **tomber** quand il est arrivé.
   c. La pluie **tombait** sans arrêt.

3. Trouvez dans le texte des synonymes pour les mots en caractères gras:

   a. Ils ont **du mal** à vendre ces maisons.
   b. Le château de Cimbre fut **construit** au 19ᵉ siècle.
   c. Les propriétaires n'ont pas trouvé d'**acheteurs** en France.

Rôle à jouer

Imaginez une conversation au téléphone au sujet de la location d'une maison de campagne. Vous avez vu l'annonce suivante dans le journal et vous téléphonez pour avoir des renseignements:

CÔTE NORMANDE
Fermette rustique, jardin, près de la mer.
A louer, semaine, mois.
Tél.–Paris: 256 • 01 • 86

Modèle:
—Allô! C'est pour la fermette en Normandie.
—Ne quittez pas, Monsieur! Je vous passe le propriétaire.

Discussion/ composition

Décrivez brièvement les caractéristiques que vous cherchez dans une maison de campagne—par exemple, la situation géographique (montagne, mer, près d'une grande ville, loin à la campagne, etc.), les dimensions, le nombre de pièces, l'état de sa construction et ce que vous êtes disposé(e) à faire pour la restaurer.

Projet

Le premier article de ce chapitre dit que dans certaines régions comme la Normandie, le Périgord et la Provence, il n'y a plus de vieilles maisons à vendre. Cependant ces régions sont parmi les préférées des Français et des étrangers. Choisissez une de ces régions et expliquez à la classe pourquoi elle est intéressante. Parlez de sa situation géographique, de ses villes et de ses sites, sa gastronomie, etc.

Vocabulaire

Le Rêve de la résidence secondaire

afflux *m.* rush; stream
agriculteur *m.* farmer
arrière-petits-enfants *m. pl.*
  great-grandchildren
autoroute *f.* highway
bicoque *f.* shanty
campagnard, -e du dimanche
  m., f. weekend farmer
certes indeed
charge *f.* expense
coup de foudre *m.* love at
  first sight
course *f.* race
dépassé, -e out-of-date
entichement *m.* infatuation
faculté *f.* university, school
fermette *f.* small farm; small
  country home
gîte *m.* dwelling; resting place
guère: il n'y a plus guère
  there is (are) hardly any
  more

indigène *m., f.* native
lassé, -e tired
location *f.* rent(ing); **en**
  locations meublées
  furnished rental units
moyenne *f.:* **en moyenne** on
  the average
niché, -e nestled
patrimoine *m.* heritage
paysage *m.* landscape
regagner to get back, return to
  one's home
rénové, -e renovated, restored
retaper to touch up; to repair
soit... soit... whether . . .
  or . . .
tout juste all but
trajet *m.* trip, drive

Pas d'acheteurs pour les châteaux

accablé, -e overwhelmed,
  crushed
s'agir de to be a question of
antiquités *f. pl.* antiques
bâtisse *f.* enormous building
  (often rather ugly)
céder to sell, yield
démoli, -e demolished, wrecked
détaché, -e separate, individual

édifié, -e constructed, erected
époque *f.:* **d'époque**
  authentic (of antiques)
impôt *m.* tax
inscrire to register
propriétaire *m., f.* proprietor
se résoudre to make up one's
  mind
vendre au détail to sell retail

4

NOUVEAU VISAGE DES ARTS POPULAIRES

Chapitre 13

Le Cinéma

Connaissez-vous François Truffaut?

Truffaut superstar? Pas toujours! Mais en Amérique il représente le cinéma français depuis près de 20 ans. François Truffaut est le metteur en scène français le plus connu et le plus aimé des Américains.

Dans cet article, le créateur de «Jules et Jim», «La Nuit américaine», les «400 Coups» et «L'Argent de poche» répond aux questions de la revue L'Express.

L'Express: Vous êtes le seul réalisateur français à avoir une véritable réputation aux Etats-Unis?

F. Truffaut: Non, il y a aussi Eric Rohmer, Claude Lelouch, Claude Chabrol, Louis Malle, Alain Resnais, Costa-Gavras...

L'Express: Et vous n'êtes vraiment pas tenté de tourner un film en Amérique?

F. Truffaut: En France, on n'est pas ridicule lorsqu'on tourne un film sans vedettes, je ne me sens pas moins bien traité par l'industrie quand je sors un film joué par des inconnus. En Amérique, je serais un «série B». Chaque semaine, cependant, on me propose un scénario. Celui de «Bobby Deerfield», par exemple. Avant Al Pacino et Marthe Keller, on avait prévu Paul Newman et Jacqueline Bisset. J'étais tenté, surtout par amitié pour les deux acteurs, mais les courses de voitures m'ennuyaient, surtout à cause du bruit...

L'Express: Ne vous avait-on pas proposé «Bonnie and Clyde»?

F. Truffaut: Si. C'était un bon script, mais pas du tout pour moi. C'est bizarre à dire, mais je n'aime pas les gangsters. Je me suis rendu compte que je n'éprouvais aucun plaisir à mettre en scène des politiciens, ni des gangsters ni des gens en uniforme... Par élimination, j'en suis arrivé à ne plus filmer que des femmes et des enfants.

L'Express: Vous est-il arrivé de dédier un de vos films à un visage d'actrice?

F. Truffaut: Oui, «Jules et Jim» à Jeanne Moreau. Mais je crois, tout de même, que l'histoire passe avant tout. Si l'on choisit une grande vedette pour l'interpréter, c'est une responsabilité supplémentaire.

L'Express: Quel effet produit sur vous cette atmosphère de crise, de défaitisme où baigne le cinéma français?

F. Truffaut: Je pense que la couleur a fait presque autant de mal au cinéma que la télévision. Il faut lutter contre le trop grand réalisme au cinéma, sinon il n'y a pas d'art... A partir du moment où un film est en couleurs, qu'il est tourné dans la rue, aujourd'hui, avec du soleil et de l'ombre et des dialogues couverts par le bruit des vélomoteurs, eh bien, ce n'est plus du cinéma! Ce n'est pas de l'art, c'est ennuyeux. Lorsque tous les films étaient en noir et blanc, très peu étaient laids, même lorsqu'ils étaient dépourvus d'ambition artistique. Maintenant, la laideur domine. Huit films sur dix sont aussi ennuyeux à regarder qu'un embouteillage dans la rue.

L'Express: Vous ne tournez pourtant pas en noir et blanc?

F. Truffaut: Parce que je ne peux pas faire autrement. Quel que soit le film, il est prévu qu'il passera un jour à la télévision, qui n'achète que la couleur... Autrefois, le film projeté dans une salle de cinéma avait l'exclusivité des images qui bougent. Dans un scénario, vous ajoutiez aux scènes d'amour des poursuites en voiture et puis des extérieurs à la montagne, et c'était bien. Désormais, c'est le contraire, cette abondance de scènes d'action détruit l'attention; le cinéma vérité envahit le journal télévisé: incendie, arrestation d'un bandit, prise d'otages...

L'Express: Pourquoi n'y a-t-il pas de cinéma politique en France?

F. Truffaut: Ça marche mal avec la fiction... En Amérique, on assiste à ce phénomène troublant: les meilleurs metteurs en scène sont de droite. Les films de réalisateurs comme Hitchcock, Hawks, Ford, qui votaient républicain et qui appuyaient la présence américaine au Vietnam, étaient meilleurs que ceux des gens de gauche, la plupart du temps. D'ailleurs, on a fait de très mauvais westerns de gauche. Les Américains sont peut-être plus doués pour exalter la guerre que pour la condamner...

L'Express: Comment planifiez-vous votre travail?

F. Truffaut: Je pratique l'alternance. Les films sont des fatigues. Tenir une discipline, un parti pris tout au long d'un film, c'est fatigant. Ce qui nous défatigue, c'est de faire la chose inverse. Changer d'activité. Lorsque vous êtes resté des semaines fixé sur le visage d'Isabelle Adjani pour «Adèle H», vous vous reposez avec les 60 gosses de «L'Argent de poche». Il faut passer d'une discipline à la discipline inverse, pour retrouver l'enthousiasme.

L'Express: Techniquement, vous faites comment?

F. Truffaut: J'ai des dossiers, des classeurs dont certains existent depuis 15 ans. Dans ces sept ou huit dossiers s'accumulent des petits morceaux de papier, avec des phrases, des bribes de dialogues, beaucoup d'articles de journaux.

L'Express: Vous avez mauvaise conscience lorsque vous ne travaillez pas?

F. Truffaut: Oui, j'ai beaucoup de mal à aller au cinéma l'après-midi en semaine...

Danièle Heymann
Catherine LaPorte
L'Express

François Truffaut, le metteur en scène français le plus aimé en Amérique

ALEXANDRE FILMS présente

COCKTAIL MOLOTOV

UN FILM DE
DIANE KURYS

avec Elise CARON, François CLUZET, Philippe LEBAS
et Geneviève FONTANEL, Henri GARCIN, Michel PUTERFLAM, Marco FERRIN, Christian CLAVIER, Bernin CHESNAIS, Jean Claude DE GORDS, Stéfania CASSINI
Scénario et Dialogues DIANE KURYS avec la collaboration de Philippe ADRIEN et Alain LE HENRY
Musique Originale: YVES SIMON, Texte anglais et Interprétation: MURRAY HEAD
Image Philippe ROUSSELOT, Son Bernard AUBOUY, Directeur de Production Charlotte FRAISSE
Co-Producteur ALEXANDRE FILMS et ANTENNE 2

LOUIS DE FUNES
L'AVARE

CHRISTIAN FECHNER présente LOUIS DE FUNES
L'AVARE de MOLIÈRE
réalisation JEAN GIRAULT

Elle aimait Ravel, son mari et les autres...

"elle"
UN FILM DE BLAKE EDWARDS

DUDLEY MOORE / JULIE ANDREWS / BO DEREK
...ELLE ...... BLAKE EDWARDS/ROBERT WEBBER/........ BLAKE EDWARDS
...... BLAKE EDWARDS, TONY ADAMS /...... HENRY MANCINI

Un jour
quelqu'un
se rebiffe...

AL PACINO
dans
JUSTICE POUR TOUS

Un film de NORMAN JEWISON
"JUSTICE POUR TOUS" JACK WARDEN • JOHN FORSYTHE et LEE STRASBERG AL PACINO
Musique de DAVE GRUSIN Paroles de ALAN & MARILYN BERGMAN Écrit par VALERIE CURTIN & BARRY LEVINSON
Producteur JOE WIZAN Produit par NORMAN JEWISON & PATRICK PALMER
Réalisé par NORMAN JEWISON Distribué par WARNER-COLUMBIA FILM

Questions sur le texte

Connaissez-vous François Truffaut?

1. Pourquoi Truffaut hésite-t-il à tourner un film aux Etats-Unis?

2. Pourquoi les femmes et les enfants ont-ils des rôles importants dans ses films?

3. Selon Truffaut, quel aspect du film passe avant tout?

4. D'après Truffaut, contre quoi faut-il lutter au cinéma? Pourquoi?

5. Que pense Truffaut du cinéma en couleurs?

6. Comment la télévision influence-t-elle la décision du metteur en scène de tourner en couleurs?

7. Quel rapport Truffaut voit-il entre la politique et le cinéma aux Etats-Unis?

8. Que pourrait faire un metteur en scène pour retrouver l'enthousiasme tout au long de sa carrière?

A votre avis

1. Au cours de l'interview, Truffaut a fait les observations suivantes:

   a. «Les courses de voitures m'ennuyaient, surtout à cause du bruit... Je me suis rendu compte que je n'éprouvais aucun plaisir à mettre en scène des politiciens, ni des gangsters ni des gens en uniforme.»

   b. «Huit films sur dix sont aussi ennuyeux à regarder qu'un embouteillage dans la rue.»

c. «Les films sont des fatigues. Tenir une discipline, un parti pris tout au long d'un film, c'est fatigant.»

d. «J'ai beaucoup de mal à aller au cinéma l'après-midi en semaine.»

Commentez chaque observation en disant si vous êtes d'accord avec Truffaut ou non. D'après ses paroles, quelle impression recevez-vous de ce metteur en scène célèbre? Quels adjectifs pouvez-vous suggérer pour le décrire? Pourquoi aimeriez-vous faire sa connaissance? Travailler avec lui?

2. Avez-vous déjà vu un film de Truffaut ou d'un autre metteur en scène français? Si oui, lequel (lesquels)? Qu'en pensez-vous? Si non, aimeriez-vous voir un film de Truffaut après avoir lu cette interview? Pourquoi ou pourquoi pas?

3. Quel est le rôle de la violence dans le cinéma américain? Quel est son effet sur le public? Donnez des exemples pour illustrer votre point de vue.

4. Quelles grandes vedettes du cinéma français sont connues aux Etats-Unis? Pourquoi le sont-elles?

5. Allez-vous souvent au cinéma? Pourquoi ou pourquoi pas? Quels genres de film préférez-vous (documentaires, dessins animés, comédies musicales, westerns, drames psychologiques, films policiers, d'horreur, d'espionnage)? Qui sont vos vedettes préférées?

Utilisation du vocabulaire

Vous êtes président (présidente) d'une grande compagnie cinématographique à Hollywood. Vous devez tourner votre premier film. Dans quel ordre fait-on les activités suivantes?

_____ On trouve un réalisateur pour tourner le film.

_____ On engage plusieurs vedettes célèbres.

_____ On reçoit sept Oscars.

_____ On achète un scénario extraordinaire.

_____ On choisit un metteur en scène.

_____ On commence à tourner.

_____ On planifie les costumes et les décors.

_____ Les acteurs apprennent leur rôle.

_____ On ajoute deux scènes d'amour, des poursuites en voiture et des extérieurs à la montagne au scénario.

_____ Le film passe à la télévision.

Rôle à jouer

Un metteur en scène veut faire un film sur votre vie. Il vient vous poser des questions sur les épisodes les plus intéressants de votre vie et les plus susceptibles de plaire au public. Vous suggérez des épisodes appropriés. (Il n'est pas nécessaire qu'ils soient vrais.) Puis vous parlez du choix des vedettes qui joueront les rôles les plus importants dans ce film.

Discussion/ composition

«En Amérique, on assiste à ce phénomène troublant: les meilleurs metteurs en scène sont de droite. Les films de réalisateurs comme Hitchcock, Hawks, Ford, qui votaient républicain et qui appuyaient la présence américaine au Vietnam, étaient meilleurs que ceux des gens de gauche, la plupart du temps... Les Américains sont peut-être plus doués pour exalter la guerre que pour la condamner...» Que pensez-vous de ce commentaire de Truffaut sur le cinéma américain? Etes-vous d'accord ou non? La politique du réalisateur joue-t-elle un grand rôle dans son choix du sujet? Ou est-ce l'opinion du public qui l'influence?

Projet

Choisissez un(-e) des réalisateurs(-trices) de la liste suivante et faites des recherches sur ses films. Lisez des revues françaises, des livres sur l'histoire du cinéma, etc. Quels films a-t-il (elle) tournés? A quels sujets s'intéresse-t-il (elle)? Pourquoi est-il (elle) célèbre? Faites un exposé à la classe.

Claude Chabrol	Louis Malle
Costa-Gavras	Jeanne Moreau
Marguerite Duras	Alain Resnais
Claude Lelouch	Eric Rohmer

Vocabulaire

Connaissez-vous François Truffaut?

s'accumuler to be gathered, accumulated
alternance *f.* alternation
amitié *f.* friendship
appuyer to support
assister à to witness, see
bribes *f. pl.* fragments, scraps; odds and ends
cinéma vérité *m.* documentary (film)
classeur *m.* files
crise *f.* crisis
dédier to dedicate
défatiguer to provide a rest
dépourvu, -e devoid
désormais henceforth, from now on
détruire to destroy
embouteillage *m.* bottleneck, traffic jam
éprouver to experience, feel
fixé, -e focused
gosse *m., f.* kid, youngster *(slang)*

inconnu, -e *m., f.* unknown person
inverse opposite
metteur en scène *m.* film director
otage *m.* hostage
parti pris *m.* set purpose, aim
planifier to plan
plupart *f.* most; the greater or greatest part of a number
poursuite *f.* chase, pursuit
prise *f.* taking, capture
projeter to project
réalisateur, -trice *m., f.* (film) producer
revue *f.* magazine
scénario *m.* script
sinon if not
tenté, -e tempted
tourner to produce, shoot (a film)
traiter to treat
vedette *f.* (film) star
vélomoteur *m.* motorbike

Chapitre 14

Les Français et leur télévision

Tv: La Révolution silencieuse

Dans la maison des Martinez, à Etréchy, à 30 km de Paris, la télévision trône dans la cuisine. Mme Martinez vit en sa compagnie de 10 heures à 22 heures. Le poste est ouvert en permanence, même pendant le dîner, pris à la cuisine, qui est spacieuse. On rit, on discute, la friture grésille dans la poêle, les enfants les plus petits rampent sous la table ou escaladent les genoux des plus grands, tandis que s'égrènent les informations.

De temps en temps, le silence se fait. Comme si un mystérieux signal s'allumait, l'attention est soudain captée: l'horrible accident de l'autocar transportant, à Lyon, des enfants handicapés. Ou, encore, les dernières statistiques de l'emploi: le fils aîné est chômeur. Puis, c'est le film, comique de préférence.

Ce sont les garçons qui «font» les programmes, même si les filles protestent. Elles préfèrent les histoires d'amour et les variétés. Les retransmissions sportives mettent toute la famille d'accord: «Chez nous, dit Dominique, 15 ans, c'est toujours le ballon qui gagne.»

Sur la trentaine de familles rencontrées par les enquêteurs de L'Express à Paris et en province, on note un comportement assez proche de celui des Martinez: la vie de la famille est liée à la télévision, mais, dit-on, on n'en dépend pas. Le cas de M. Jean Ray, 60 ans, agriculteur à Gannat, est de plus en plus rare: M. Ray, qui a acheté un téléviseur au moment même où il décidait de réduire ses activités, est, depuis, rivé à son poste. Il a modifié toutes ses habitudes. Il ne soupe plus, mais avale un en-cas quand passent les spots publicitaires, entre les informations et la grande émission de la soirée. La télévision est sa chose. Il est le seul maître des programmes; ses enfants l'ont compris et se réfugient dans leur chambre, avec la radio. Mais M. Ray appartient déjà à la préhistoire de la télévision.

Car, au temps de la découverte et de l'amour-passion, a succédé celui de la routine et du mariage de raison. Le téléviseur est un bien de consommation, un élément de confort, au même titre que le réfrigérateur, le lave-vaisselle, l'électro-phone. Même si l'on n'a pas conscience de ce qu'il peut apporter ou retrancher dans la vie quotidienne, on sait qu'on ne pourra plus s'en séparer. La révolution silencieuse qui est en cours est irréversible.

Jean-Paul Aymon
L'Express

LA TELEVISION EN FRANCE

Ouvrez *L'Express* ou un autre magazine français et vous trouverez dès les premières pages le sommaire des émissions de télévision pour la semaine. C'est que les mêmes émissions sont présentées dans toute la France au même moment. Les Français peuvent choisir parmi trois chaînes. Les deux premières, *TF1* et *Antenne 2,* offrent des feuilletons, des films, des programmes de variétés et bon nombre de séries américaines. La troisième chaîne, *FR 3,* plus récemment inaugurée, a une vocation culturelle.

La télévision française dépend moins des revenus publicitaires que la télévision américaine. En effet, selon la loi, le volume des recettes publicitaires ne peut excéder 25 pour cent du total des ressources. Ainsi les téléspectateurs français n'ont pas à subir les interruptions constantes de leurs émissions préférées. Les spots publicitaires sont regroupés et présentés ensemble à quelques reprises dans la journée et dans la soirée.

Les Français et leur télévision — Sondage

Après 20 ans d'une idylle parfaite, ce n'est plus le grand amour entre les Français et leur chère télévision. Trop de séries américaines, disent-ils, trop de rediffusions de films, manque d'idées. Paris-Match *a interrogé les Français au sujet de la télévision. Leurs réponses sont parfois surprenantes.*

D'une manière générale, regardez-vous la télévision plutôt plus souvent, plutôt moins souvent, autant qu'auparavant?

Plutôt plus souvent	20
Plutôt moins souvent	43
Autant	37

La télévision attire moins puisque près d'un Français sur deux la regarde moins qu'auparavant, elle reste néanmoins un moyen de distraction privilégié pour la majorité.

Dans l'ensemble, les programmes vous paraissent-ils de meilleure qualité, de moins bonne qualité, ou de qualité identique qu'avant?

De meilleure qualité	7
De moins bonne qualité	45
De qualité identique	36
Sans opinion	12

En ce qui concerne la qualité des programmes Tv, les Français sont sceptiques et moroses. Dans l'ensemble les programmes n'apportent pas satisfaction.

Les 10 principaux reproches que les Français font à leur Tv:

Mauvaise coordination entre les chaînes.

Trop de publicité.

Trop d'émissions politiques.

Les horaires trop tardifs de certaines émissions intéressantes ou de films.

Trop d'émissions contenant de la violence.

Trop d'émissions médiocres.

Pas assez de bons films.

Pas assez d'émissions éducatives.

Un manque d'imagination en général.

Une information pas assez objective.

En ce qui concerne l'attitude des journalistes de la télévision envers les hommes politiques, souhaiteriez-vous que les journalistes soient:

Plus directs	37
Plus simples	32
Plus «mordants»	26
Sans opinion	5

Dans certains pays étrangers, on envisage de supprimer une soirée de Tv par semaine afin de permettre aux citoyens de profiter de leur intimité familiale ou amicale. Seriez-vous d'accord ou pas d'accord pour qu'une telle mesure soit prise en France?

Pas d'accord	53
D'accord	45
Sans opinion	2

Malgré toutes les critiques, les Français ne sont pas prêts à se passer de la télévision, ne serait-ce qu'une soirée par semaine, en tous cas pas pour cause de jouir de plus d'intimité. Peut-être pour économies d'énergie...

Paris-Match

GUIDE TELEVISION

LUNDI 19 MAI

16 h 45, A2. Rendez-vous sculpture. L'œuvre de Henry Moore.

17 h 20, A2. Café-théâtre Story. Les Bronzés au théâtre.

20 h 35, A2. Cartes sur table. André Bergeron, Edmond Maire, Georges Séguy.

*21 h 40, A2. Marins-pêcheurs. Document réaliste et poétique de la série «Des hommes».

*21 h 50, TF1 Tennis. En direct de Londres. Il y aura Borg.

22 h 25, A2. Salle des fêtes. «Bérénice» (Vitez), «Wophtsline», le Festival de Cannes, etc.

MARDI 20

14 h, A2. Aujourd'hui Madame, Nos lendemains chanteront-ils?

*20 h 30, TF1. Une puce dans la fourrure. Téléfilm français humoristique à trois personnages: Danielle Darrieux, Catherine Réthoré, Thierry Lhermitte.

20 h 35, A2. Pierre de Coubertin. Téléfilm français de Pierre Cardinal. Fiction et documents.

*21 h 35, TF1. La roue de la vie. Série documentaire de Jacotte Chollet et André Voisin. Ce soir: «La beauté de l'adolescence». Beaucoup d'interviews.

Vers 22 h, A2. Débat. Les jeux Olympiques vont-ils disparaître? («Les dossiers de l'écran».)

*22 h 25, TF1. Une approche d'Alain Resnais. Essai sur l'un de nos meilleurs cinéastes.

MERCREDI 21

14 h, A2. Aujourd'hui Madame. Avoir et avoir eu 20 ans.

20 h 30, TF1. L'été indien. Téléfilm de Jean Delannoy. Un homme essaie de reconquérir sa femme. Grands sentiments et belles images. Avec Brigitte Fossey, Pierre Vernier.

20 h 35, A2. Collaroshow. Invités: France Gall, Julien Clerc, etc.

21 h 40, A2. Grand Stade. Magazine sportif.

*22 h 15, TF1. La rage de lire. Des femmes savantes: Clara Malraux, Han Suyin, Dominique Desanti, Claudine Hermann.

*22 h 40, A2. Histoires courtes. «Carole», de Dominique Maillet, et «La champignonne», de Pascal Aubier.

JEUDI 22

15 h 55, A2. L'invité du jeudi. Le professeur Apfelbaum, nutritionniste.

20 h 30, TF1. Kick, Raoul, la moto, les jeunes et les autres. (2ᵉ épisode.)

21 h 30, TF1. L'événement.

22 h 10, A2. Courte échelle pour grand écran. En direct de Cannes.

23 h, A2. Première. Lynn Harrel, violoncelliste.

VENDREDI 23

14 h, A2. Aujourd'hui Madame. Les jeunes ont la parole.

17 h 20, A2. Fenêtre sur: Ceylan. (3ᵉ partie.)

17 h 55, A2. Football: URSS-France, en direct de Moscou, Match amical.

20 h 30, TF1. Beaufils et fils («Au théâtre ce soir»).

*20 h 30, FR3. V3. Le trafic du sang dans les pays pauvres.

20 h 35, A2. Sam et Sally. (2ᵉ épisode.)

21 h 30, FR3. So long, rêveuse. Thème: un cinéaste amateur se moque de la télévision.

*21 h 35, A2. Apostrophes. L'Afrique noire racontée par cinq romanciers.

22 h 10, TF1. Festival de Cannes. Gala de clôture.

22 h 45, FR3. Thalassa: vivre à l'île de Sein.

SAMEDI 24

*20 h 30, TF1. Numéro un spécial: Annie Cordy.

*20 h 30, FR3. La grande-duchesse de Gerolstein, d'Offenbach (Capitole de Toulouse).

20 h 35, A2. La grande chasse. Téléfilm de Jean Sagols.

21 h 30, TF1. Ike. Feuilleton américain sur Eisenhower.

22 h 45, A2. Direct. «Les Wings», et un portrait de Paul McCartney.

DIMANCHE 25

20 h 30, TF1. Le disparu. Série «Hunter».

20 h 30, FR3. Les villes aux trésors. Rouen.

*21 h 40, FR3. L'arbre de vie. Le Canada. Emission de Frédéric Rossif.

*21 h 50, A2. Voir. Magazine de l'image. Passionnant.

22 h 30, TF1. L'antichambre. Une pièce lyrique de Janos Komives.

22 h 40, A2. Vidéo USA. «Nouvelle technique, art nouveau» (série).

Gilbert Salachas
Le Point

*Intéressant

Tv: La Révolution silencieuse

1. Combien de temps Mme Martinez passe-t-elle devant la télé?

2. Quelles activités ont lieu chez les Martinez à l'heure du dîner?

3. Quelles sortes d'informations captent l'attention de la famille? Pourquoi ces informations sont-elles intéressantes?

4. Comment choisit-on les émissions chez les Martinez?

5. En quoi le comportement des Martinez ressemble-t-il à celui d'autres familles françaises?

6. Quelle est l'attitude de M. Jean Ray face à la télévision? Son comportement est-il anormal de nos jours?

7. Selon l'article, quelle est la place de la télévision dans la vie française aujourd'hui?

La Télévision en France

8. Quelles sont les différences principales entre la télévision française et la télévision américaine?

9. Expliquez le genre de programmes qu'ont les trois chaînes en France.

Les Français et leur télévision

10. Pourquoi dit-on que la télévision française attire moins de spectateurs qu'avant?

11. Quelle est l'attitude des Français envers la qualité des programmes?

12. Combien de Français seraient prêts à ne pas regarder la télévision une soirée par semaine? D'après le texte, est-ce significatif?

Guide télévision

13. Quelles émissions de ce programme regarderiez-vous si vous le pouviez?

A votre avis

1. Quelle place la télévision a-t-elle dans votre vie? Combien d'heures par semaine la regardez-vous? Quelles sont vos émissions préférées? Comment choisit-on les émissions chez vous?

2. Croyez-vous que la télévision contribue à rendre les spectateurs plus intelligents? Pourquoi ou pourquoi pas?

3. Quelle est votre opinion sur l'influence de la télévision sur les enfants? Quelle devrait être l'attitude des parents?

4. En quoi l'attitude des Français envers la télévision ressemble-t-elle à celle des Américains? En quoi est-ce qu'elle diffère?

5. Voudriez-vous abolir les spots publicitaires? Est-ce préférable de les regrouper tous ensemble comme on fait en France ou de les disperser comme on fait en Amérique?

6. Quels sont les avantages du nouveau portable Philips? Si vous pouviez acheter un téléviseur, l'achèteriez-vous? Pourquoi ou pourquoi pas?

7. En parcourant les émissions du 19 au 25 mai, indiquez le programme qui plairait à une personne qui adore:

a. les sports
b. le théâtre
c. les films historiques
d. les histoires d'amour
e. la musique populaire
f. les documentaires

Utilisation du vocabulaire

1. Trouvez dans les textes les synonymes des mots en caractères gras et employez-les pour refaire les phrases:

   a. Ils **marchent à quatre pattes** sous la table.
   b. Il avale **un sandwich** quand passent les spots publicitaires.
   c. Ils **montent sur** les genoux des plus grands.
   d. Il **a changé** toutes ses habitudes.
   e. Les téléspectateurs français n'ont pas à **supporter** l'interruption de leurs émissions préférées.

2. Trouvez dans les textes les antonymes des mots en caractères gras et employez-les pour refaire les phrases:

   a. Il décidait d'**augmenter** ses activités.
   b. Le fils aîné est **employé.**
   c. Il y a trop de **retransmissions** de films.
   d. On prend le dîner à la cuisine, qui est **étroite.**
   e. Les spots publicitaires **sont fréquents** pendant la journée.

Discussion/composition

Imaginez la vie sans télévision. Qu'est-ce qui changerait dans les habitudes des gens? Qui profiterait de ce changement? Qui en souffrirait? Quel serait l'effet sur votre vie?

Projet

Toute la classe répond aux questions du sondage de *Paris-Match* à la page 134. (La troisième question sera «Quels sont, en ordre, les trois principaux reproches que vous faites à la Tv?») Ensuite, compilez les résultats et analysez-les en les comparant aux résultats français.

Vocabulaire

Tv: La Révolution silencieuse

appartenir à to belong to
ballon *m.* ball (here refers to soccer)
bien de consommation *m.* consumer good
capté, -e captivated
comportement *m.* behavior
s'égrener to present (one thing after another)
électrophone *m.* record player
en-cas *m.* snack
escalader to climb, scale
friture *f.* fried food
grésiller to sizzle
informations *f. pl.* news
lave-vaisselle *m.* dishwasher
lier to tie, fasten
poêle *f.* frying pan
poste (de télévision) *m.* (TV) set

proche close, near
ramper to crawl
récepteur *m.* TV set
se réfugier to take refuge; to find shelter
retrancher to cut off, cut out
retransmission *f.* broadcast
revanche *f.* revenge
river to rivet
soudain(ement) sudden(ly)
souper to have supper
spot publicitaire *m.* commercial
statistiques de l'emploi *f. pl.* labor statistics
téléviseur *m.* TV set
titre *m.:* **au même titre que** in the same vein as, along the same lines as
variétés *f. pl.* variety show

La Télévision en France

feuilleton *m.* series; situation comedy
recette *f.* (monetary) returns
reprise *f.:* **à quelques reprises** at various times

subir to undergo, endure
vocation culturelle *f.* cultural bent, leaning

Les Français et leur télévision — Sondage

amical, -e friendly
auparavant before
interroger au sujet de to ask questions about

intimité *f.* intimacy
rediffusion *f.* repeat broadcast
supprimer to cancel
surprenant surprising

Chapitre 15

La Chanson française et le marché américain

Patrick Juvet, vedette suisse qui s'impose en Amérique

PATRICK JUVET:
UN CHANTEUR SUISSE EN EXIL
AUX ETATS-UNIS

Depuis le temps que la jeunesse française se pâme en écoutant les derniers rythmes anglo-saxons, il lui fallait bien une revanche. C'est, ironiquement, grâce à un Suisse d'expression française que le disco gaulois est en train de conquérir le marché américain.

Patrick Juvet est, en effet, une des rares vedettes françaises à s'être imposée Outre-Atlantique, non pour quelques concerts à New York, mais pour de solides places en tête des hit-parades des clubs disco de la côte est et ouest. Deux titres ont donné à Patrick l'oreille des chaînes U.S. Tout d'abord, «I love America», et «Lady Night». Le charme Juvet lui a aussi valu de nombreux passages aux grands shows de télévision «Midnight Special» et «Merv Griffin».

Casque d'or et sourire argenté, Patrick, à 29 ans, s'est acclimaté au monde du show-business et s'y sent à l'aise depuis quelques années seulement. «Pourtant, mon premier vrai succès, *La Musica*, date de 1972, mais j'ai eu beaucoup de mal à me faire à l'aspect commercial des variétés; j'avais tout à apprendre de ce côté.»

Mais, pourquoi cet exil aux Etats-Unis? «Bien, si je passe pratiquement six mois de l'année à New York, c'est d'abord parce que je m'y plais; et puis je trouve que l'anglais est la langue idéale pour la musique: mots et sons s'équilibrent parfaitement. En français, on a souvent l'impression que la musique est secondaire. J'avais envie d'être entendu ailleurs qu'en France. Je crois que le disco est un mouvement musical qui a un certain avenir. Personnellement, j'ai choisi de travailler des mélodies plutôt romantiques et cela plaît puisque j'ai reçu des demandes des plus grandes discothèques pour me produire. Mais il n'est pas question que je me limite au disco; j'ai des idées et je tiens essentiellement à faire la musique que j'aime. Pour l'instant je me consacre à mon aventure américaine, cela m'occupe suffisamment.»

Patrick n'oublie cependant pas la vieille Europe et plus particulièrement la France, puisqu'il vient de composer la musique du dernier film de David Hamilton, le célèbre photographe: un film tourné à Ramatuelle et Saint-Tropez.

Les autres amours de Patrick: «Le cinéma: je suis un comédien permanent, j'ai toujours eu envie de m'exprimer, de devenir chanteur ou comédien. J'aime aussi la beauté sous toutes ses formes, sous tous ses aspects. J'aime mon pays, mes lacs, mes montagnes et je suis très proche de la nature. J'admire les gens qui font de la recherche, qui essaient de trouver des solutions nouvelles, qui dépassent la banalité.»

Dans l'ensemble, Patrick se considère un être heureux: «Evidemment, je passe un peu trop de temps à m'occuper de ma carrière, de moi et je voudrais avoir plus de loisirs pour mes amis. Mais, dans le fond, je ne regrette pas grand-chose, je fais ce que j'ai choisi de faire. Je pense voir les choses lucidement; j'ai peur d'un échec, mais je crains tout autant la réussite. L'échec stimule, mais la réussite c'est l'obligation d'aller toujours plus loin, c'est pas si simple. Ah oui, il y a deux choses que je voudrais connaître dans ma vie, un enfant et l'amour.»

Avec sa sensibilité et sa gentillesse spontanée, ce dernier objectif ne devrait pas être trop difficile à atteindre. Patrick Juvet: une personnalité à suivre dans la galerie du show-business, peut-être parce qu'il sait encore être sincère!

Michèle Lonsdorfer
Journal Français d'Amérique

victor hort CENTRAL MUSIQUE CM

DES PRIX COMME PARTOUT...
UN CHOIX COMME NULLE PART ?

LE MAGASIN LE PLUS ROCK ET LE PLUS FOLK
tout l'équipement musical professionnel
et les plus belles guitares du monde
11bis RUE PIGALLE, 75 PARIS 9è, tel:874 55 85

LA CHANSON FRANÇAISE EN CRISE

Récemment des invités de marque comme Yves Montand ont accepté de participer à une émission à la télévision sur la chanson française. Ils ont souligné aux yeux du grand public combien l'affaire était grave: après le théâtre et le cinéma, la crise sévit dans un domaine qu'elle aurait dû logiquement épargner, puisque la chanson française est par excellence le véhicule de notre culture populaire.

A moins de prendre des mesures radicales, la chanson française risque de perdre de sa popularité en France comme à l'étranger. Certains artistes «pop» exportent à l'étranger pour l'unique raison qu'ils composent des musiques à l'américaine, qu'ils jouent et enregistrent à l'étranger, en anglais!

Les stations de radio, qui ont sur la chanson française droit de vie ou de mort, sont en partie responsables de la crise. Ils invoquent, bien sûr, la loi du marché, c'est-à-dire, le nombre de disques vendus, pour expliquer le choix de musique qu'ils offrent à leurs auditeurs. Cette attitude de donner la préférence aux vedettes anglo-saxones est particulièrement dangereuse. Si on laisse à quelques personnes le droit de déterminer l'avenir de notre chanson, on se réveillera un beau jour entièrement colonisés par le raz de marée américain...

Adapté d'un article de Henry Chapier
Le Monde

Patrick Juvet: Un Chanteur suisse...

1. Comment Patrick Juvet est-il la revanche de la chanson française?

2. Quelle comparaison fait-il entre le français et l'anglais pour la chanson?

3. Quelle sorte de chanson veut-il composer?

4. Quelles activités plaisent à Juvet? Quelles sont ses aspirations?

5. Pourquoi se croit-il heureux?

La Chanson française en crise

6. Résumez la crise de la chanson française.

7. Qui est responsable de la crise?

8. Quelles sont les solutions possibles au problème?

1. Le disco est-il toujours à la mode? Et le «new wave»? Pourquoi ces mouvements sont-ils (ou étaient-ils) populaires? Qu'en pensez-vous?

2. Quelle importance la musique a-t-elle dans votre vie? Achetez-vous beaucoup de disques? Pourquoi les écoutez-vous? Quand les écoutez-vous?

3. Chaque époque a ses chansons et ses chanteurs. Qui ont été les vedettes des années '50, '60, '70? Qui sont les vedettes maintenant?

4. Selon vous, pourquoi les chansons américaines et brittaniques plaisent-elles aux jeunes Français?

5. A votre avis, qui décide du succès d'une chanson? Le public? Les stations de radio? Les «talk shows»? Expliquez votre choix.

Utilisation du vocabulaire

1. Il y a des Français qui critiquent la corruption de leur langue par des anglicismes comme *le club* ou *le speaker*. Faites une liste des anglicismes dans les textes de ce chapitre. Essayez de trouver des substitutions purement françaises dans un dictionnaire anglais-français. Est-ce toujours possible?

2. Trouvez dans les textes de ce chapitre des verbes qui correspondent aux noms suivants. Ensuite, écrivez des phrases pour illustrer le sens de ces verbes:

   a. la conquête
   b. le regret
   c. le climat
   d. le plaisir
   e. l'équilibre
   f. l'oubli

3. Trouvez dans les textes de ce chapitre des synonymes des mots en caractères gras et employez-les pour refaire les phrases:

   a. Il n'a pas pu **s'habituer** à l'Amérique.
   b. **Il se donne entièrement** à son travail.
   c. Il voit tout **clairement.**

Rôle à jouer

Un(-e) jeune chanteur (-euse) français(-e) aimerait se faire connaître en Amérique. Il (elle) vous pose des questions au sujet des endroits dans votre ville où il (elle) pourrait chanter. Vous lui répondez et donnez d'autres suggestions pour sa carrière. Par exemple, vous lui indiquez les chanteurs et les chanteuses les plus connus, leur style, etc. Dites-lui quels disques il (elle) devrait écouter pour se familiariser avec la chanson américaine.

Discussion/ composition

Jusqu'à maintenant, quel a été votre plus grand succès? Votre plus grand échec? Décrivez les circonstances de l'un ou de l'autre. Que pensez-vous du commentaire de Juvet que «l'échec stimule, mais la réussite c'est l'obligation d'aller toujours plus loin»?

Projet

Choisissez une chanson américaine à la mode et faites-en une adaptation en français.

Vocabulaire

Patrick Juvet: Un Chanteur suisse...

s'acclimater à to adjust to, acclimatize
argenté, -e silvery
atteindre to attain
aventure f. adventure
banalité f. banality, triteness
casque d'or m. a head of golden hair
se consacrer à to devote oneself to
craindre to fear
demande f. request

dépasser to go beyond
s'équilibrer to be balanced
gaulois, -oise Gallic, French
s'imposer to be recognized
Outre-Atlantique across the Atlantic
se pâmer to faint, swoon
photographe m. photographer
spontané, -e spontaneous
stimuler to stimulate
suffisamment sufficiently

La Chanson française en crise

auditeur, -trice m., f. listener
enregistrer to record
épargner to spare, save
étranger: à l'étranger abroad
invité, -e de marque m., f. special guest

moins: à moins de prendre short of taking
raz de marée m. tidal wave
sévir to rage, be rampant

5

NOUVEAU VISAGE DES ANTILLES

Chapitre 16

Haïti

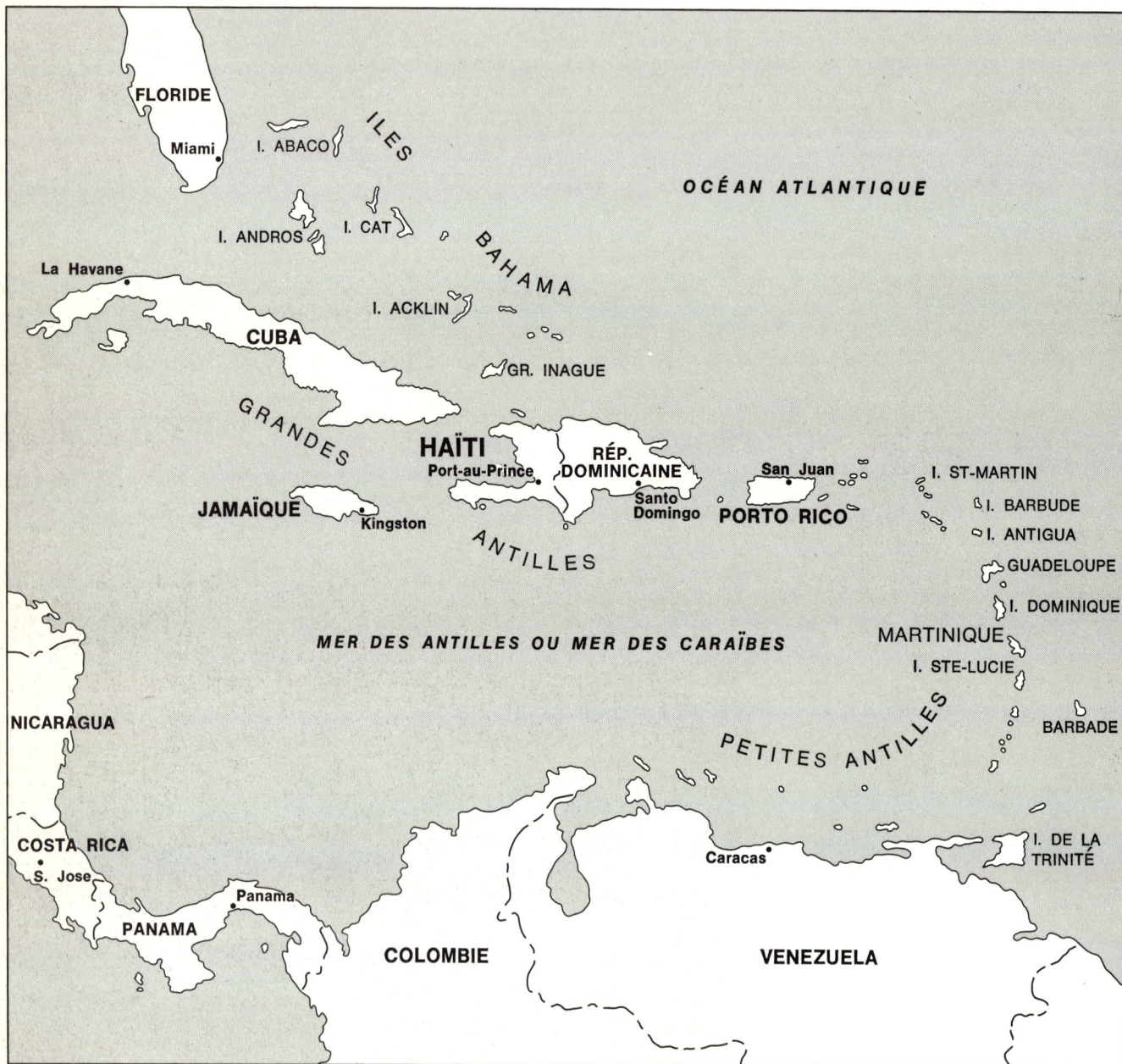

Les Antilles

FLORIDE

Miami

I. ABACO

ÎLES

OCÉAN ATLANTIQUE

I. ANDROS

I. CAT

BAHAMA

La Havane

CUBA

I. ACKLIN

GRANDES

GR. INAGUE

HAÏTI

RÉP.

Port-au-Prince

DOMINICAINE

San Juan

I. ST-MARTIN

JAMAÏQUE

Kingston

Santo
Domingo

PORTO RICO

I. BARBUDE

ANTILLES

I. ANTIGUA

GUADELOUPE

I. DOMINIQUE

MARTINIQUE

MER DES ANTILLES OU MER DES CARAÏBES

I. STE-LUCIE

BARBADE

NICARAGUA

PETITES ANTILLES

COSTA RICA

I. DE LA
TRINITÉ

S. Jose

Caracas

Panama

PANAMA

COLOMBIE

VENEZUELA

PARADIS CRÉOLE

Si vous êtes curieux, venez en Haïti, le pays est un paradis créole où les traditions françaises et africaines se mêlent si intimement qu'elles donnent à la vie haïtienne une saveur particulière.

- Vivez une nouvelle expérience... Haïti est incomparable et encore non profané par les touristes...
- Le pays par excellence de la joie de vivre...
- Visitez l'étonnante citadelle du roi Christophe, le pittoresque Marché de fer, le resplendissant palais présidentiel.

- Ecoutez la musique créole, les battements des tambours aux rites vaudouesques.
- Faites sauter la banque au nouveau Casino International.
- Jouissez des plages.
- Pratiquez le ski nautique et la pêche sous-marine.
- Parcourez ce pays primitif et coloré aux villages pittoresques.

«Un Mariage des paysans», tableau du peintre haïtien Philome Obin

Un mariage de Paysans.

Robin
Cap-Haïtien

le vaudou

Culte animiste chez les Noirs des Antilles et d'Haïti, mélange de pratiques magiques et d'éléments pris au rituel chrétien.

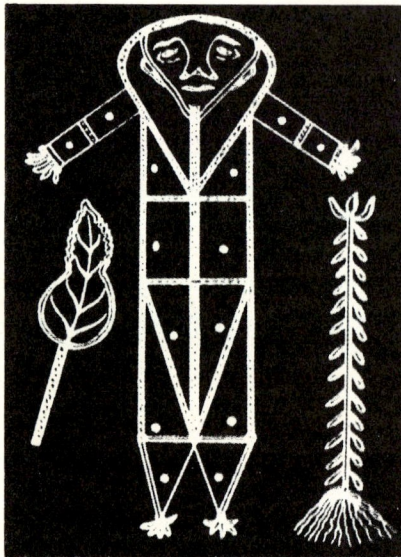

«Élément essentiel aux rites cérémoniels... le véver est un dessin, tracé sur le sol, emblème d'une divinité que l'on désire invoquer. Le hougan (prêtre du vaudou), en faisant mouvoir la main, obtient les lignes de son dessin. Ces motifs sont exécutés avec une habileté égale à celle d'un artiste.»

Louis Maximilien

Selon les spécialistes, le véver serait à l'origine de la peinture haïtienne; les hougans, avec une habileté d'artiste, brossaient de véritables tableaux aux lignes géométriques. À partir du vaudou et d'une figuration naïve des thèmes populaires, la peinture a évolué sous l'influence d'écoles et d'ateliers pour atteindre à une qualité dans l'inspiration et l'exécution qui ont fait connaître au monde entier les peintres haïtiens.

Le tambour «assôtor», le plus grand instrument du culte vaudou. Il est servi comme une divinité et constitue le centre d'une danse rituelle, dite «assôtor», que les officiants exécutent autour de lui.

Haïti, son vrai visage

Il y a une certaine exagération dans l'influence attribuée au vaudou dans les affaires politiques. Cependant le vaudou est un élément culturel très important dans la vie nationale. C'est l'héritage africain sur lequel s'est greffée la culture latine pour réaliser ce métissage culturel unique qu'est Haïti.

Je crois que le vaudou fait partie intégrante de la personnalité culturelle haïtienne et lui donne en même temps son caractère original.

Le Président Jean-Claude Duvalier

POĒSIE CRĒOLE

LE CRÉOLE: Langue mixte provenant du contact du français, de l'espagnol, du portugais avec des langues indigènes ou importées (Antilles).

La demoiselle et le papillon
dé-mou-a-zè-l e pa-pi-on

pa-pi-on an di li rin-min-l
dé-mou-a-zè-l la di-l li rin-min-l,
y ' a-l po-zé sou ti gla-i-è-l la
yo bou-è rou-zé, yo ko-zé.
pa-pi-on an di-l :mrin rin-mrin-ou
min m'kon-nin m'a-p mou-ri a-sou-è
sa rè-d, min ki sa pou m ' fè?
dé-mou-a-zè-l la di: sa pa fè
an-gnin.
m' rin-min-ou, ou rin-min-m ' tou
tou sa ki ri-vé nou, za-fè!

le papillon lui dit qu'il l'aime
la demoisell lui dit qu'ell l'aime,
ils se posent sur le glaïeul
ils boivent la rosée, ils causent.
le papillon lui dit: je t'aime
mais je sais que j'mourrai ce souèr.
c'est bien dur, mais qu'y puis-je faire?
la demoiselle dit: ça ne
fait rien.
je t'aime, tu m'aimes aussi
quoiqu'il nous arrive, tant pis!

Charles F. Pressoir, Éditeur
Sept poèmes qui viennent de la montagne

DES «BOAT PEOPLE» VENUS D'AILLEURS

Il s'appelle Dieumerci Lorfis. Il a 34 ans et un long corps sombre et osseux. Il parle à peine anglais. Début août, l'océan a rejeté sur la côte sud de la Floride le corps de sa femme, Elaine, 31 ans, et ceux de ses cinq enfants, Demoby, 11 ans, Yvonne, 7 ans, Kevis, 6 ans, Antoinette, 5 ans, et Michelle, 4 ans. La mère, ses fils et ses fillettes avaient fui Haïti, clandestinement, à bord d'un vieux voilier, pour rejoindre Dieumerci, installé depuis quatorze mois à Miami, où il travaille comme jardinier.

Elaine et les siens faisaient partie de cette interminable cohorte d'autres «boat people» que ceux d'Asie qui, depuis sept années, fuient en bateau Haïti, la tyrannie de Jean-Claude Duvalier, fils de «Papa Doc» et surnommé «Baby Doc», la brutalité policière des trop célèbres tontons macoutes et la misère.

Le voilier sur lequel s'entassaient la mère, ses enfants et autres fuyards n'était plus qu'à quelques milles de la terre. Les lumières de Palm Springs étaient déjà visibles dans la nuit, lorsqu'un garde-côte américain a braqué son projecteur sur le rafiot des exilés. Aussitôt, ce fut la panique. En effet, être arraisonné par l'U.S. Navy signifiait, pour les deux passeurs, la mise sous séquestre de leur voilier jusqu'au procès et, pour les fugitifs, le renvoi dans l'île qu'ils voulaient abandonner. Le garde-côte approchait rapidement. Encore quelques minutes et il se serait trouvé bord à bord avec la coque chargée d'émigrés. Alors, ignorant tout humanisme, insensible aux supplices, le patron du voilier ordonna: «Tous à l'eau!» Et il tira deux coups avec son revolver pour les inciter à obéir.

L'un des rescapés de cette dramatique odyssée a raconté qu'Elaine et ses cinq enfants ont été balancés par-dessus bord. Les passeurs haïtiens—qui avaient fait payer quinze cents dollars (près de sept mille francs) à chaque passager—espéraient, en se débarrassant de leur cargaison humaine, échapper aux autorités américaines. Leur cruauté a été inutile. Le voilier a été arraisonné et amené à Miami, où, après la découverte des six cadavres, les deux marins ont été inculpés d'homicide volontaire.

Sans doute cette tragédie serait-elle passée inaperçue si, le 17 août, une cérémonie funèbre ne s'était déroulée dans la cathédrale Saint Mary, à Miami. Les caméras de différentes chaînes de télévision et des reporters assistaient à l'office. Ils ont pu filmer et photographier Dieumerci Lorfis, agité par les sanglots, tout à fait incapable de dominer son chagrin. Alors, les Etats-Unis ont découvert que des gens fuyaient non seulement du Vietnam, mais aussi d'Haïti. La population—quatre millions d'habitants—s'évade de cette île que les dépliants touristiques présentent comme un paradis au soleil.

Jean Noli
Le Point

Les voyages des boat people qui fuient Haïti
sont souvent dangereux.

Questions sur le texte

Paradis créole

1. Quel tableau d'Haïti nous fait l'annonce Air Canada?

Le Vaudou

2. Qu'est-ce que le vaudou?

3. Quel est le rôle du véver dans le rite haïtien? A quoi le tambour «assôtor» sert-il?

4. Quelle est l'attitude du Président Duvalier envers le vaudou?

Poésie créole

5. En quoi le créole ressemble-t-il au français? En quoi est-il différent?

Des «Boat People» venus d'ailleurs

6. Que fait Dieumerci Lorfis à Miami? Depuis combien de temps y est-il installé?

7. Quelle tragédie est arrivée à Lorfis?

8. Pourquoi beaucoup d'Haïtiens s'enfuient-ils de leur pays?

9. Où était le voilier quand on a été pris de panique?

10. Qu'est-ce qui a causé la panique?

11. S'ils avaient été découverts, quelles auraient été les conséquences possibles pour les passeurs? Et pour les fugitifs?

12. Quelle a été la réaction du patron du voilier?

13. Qu'est-ce qu'on a fait à Elaine Lorfis et à ses enfants?

14. Pourquoi la cruauté des passeurs haïtiens a-t-elle été inutile? Qu'est-ce qui est arrivé aux deux marins?

15. Pourquoi la tragédie n'est-elle pas passée inaperçue?

16. Qu'est-ce que les Etats-Unis ont découvert en conséquence de cette tragédie?

A votre avis

1. Ce chapitre présente deux visages d'Haïti: celui d'un paradis pour les touristes et celui de île de tyrannie pour les habitants. Après avoir lu ce chapitre, que pensez-vous de ce pays?

2. Quels sont les problèmes les plus importants que doit résoudre Haïti?

3. Aimeriez-vous passer vos vacances en Haïti? Pourquoi ou pourquoi pas? Si vous y alliez, quelles activités vous intéresseraient?

4. Selon vous, pourquoi les gens participent-ils encore au culte du vaudou? De quels autres cultes avez-vous entendu parler?

Utilisation du vocabulaire

1. Dans l'article sur les boat people trouvez un synonyme de chacun des mots suivants. Ensuite, employez les synonymes dans des phrases:

   a. maigre
   b. bien connu
   c. le voyage mouvementé
   d. secrètement
   e. le bateau à voiles
   f. la terreur
   g. s'évader de
   h. l'office des morts

2. Trouvez dans les textes des expressions qui décrivent le «paradis» qu'est Haïti. Ensuite, employez ces expressions pour écrire une petite description d'un vrai paradis comme vous l'imaginez.

Rôle à jouer

Imaginez une conversation avec de jeunes Haïtiens. Vous aimeriez faire un voyage en Haïti, mais l'article sur les boat people vous fait hésiter. Posez des questions sur le tourisme mais aussi sur la situation politique et économique. Les Haïtiens essaient de vous encourager à visiter leur pays.

Discussion/composition

Depuis quelques années des centaines de réfugiés cubains se sont installés aux Etats-Unis. Pourquoi sont-ils venus? Quels sont les problèmes qu'ils rencontrent aux Etats-Unis? Quelle a été la réaction des Américains face à leur arrivée?

Projet

Avec deux ou trois camarades de classe, préparez une petite exposition au sujet du vaudou. Parlez des rites, de la musique, des danses, des participants.

Vocabulaire

Paradis créole

battement *m.* beating (of a drum)
citadelle *f.* fortress
coloré, -e colorful; colored
faire sauter la banque to break the bank
pittoresque picturesque

profané, -e profaned, spoiled
saveur *f.* taste; flavor
ski nautique *m.* waterskiing
tambour *m.* drum
vaudouesque pertaining to voodoo

Le Vaudou

animiste animistic (Animism is the main religion of many African cultures. Inanimate objects are believed to have souls.)
chrétien, -enne Christian
entier, -ière entire
évoluer to evolve
figuration *f.* representation

se greffer to be grafted
habileté *f.* skill
intégrant, -e integral
mélange *m.* mixture
métissage *m.* crossbreeding
mouvoir to move
officiant *m.* officiating priest
prêtre *m.* priest

Poesie créole

causer to chat
demoiselle *f.* dragonfly; young woman
glaïeul *m.* gladiolus
papillon *m.* butterfly

provenant de coming from
quoique whatever
rosée *f.* dew
souèr *m.* evening *(regionalism)*

Des «Boat People» venus d'ailleurs

agité, -e agitated
arraisonner to officially stop and examine a ship
aussitôt immediately, at once

balancer par-dessus bord to throw (something) overboard
braquer to aim, point at

cargaison *f.* cargo
cérémonie funèbre *f.* funeral
chagrin *m.* grief, sorrow
coque *f.* hull
cruauté *f.* cruelty
se dérouler to take place
échapper to escape
s'entasser to be crammed, packed, crowded
fuir to flee
faire sauter la banque to break the bank
pittoresque picturesque
profané profaned, spoiled
garde-côte *m.* Coast Guard vessel
inaperçu, -e unseen, unnoticed
inculper to indict, charge
inutile useless
marin *m.* sailor
mettre sous séquestre to embargo

mille *m.* mile
office *m.* religious service
osseux, -euse bony
passeur *m.* ferryman
patron *m.* owner, boss
procès *m.* lawsuit; trial
projecteur *m.* searchlight
rafiot *m.* skiff (type of sailboat)
rejeter to cast up, throw back
renvoi *m.* return, sending back
rescapé *m.* survivor
sanglot *m.* sob
supplique *f.* supplication, pleading
surnommer to nickname
tirer deux coups to fire two shots
tonton macoute *m.* terrorist police
voilier *m.* sailboat

Chapitre 17

La Martinique

La Martinique

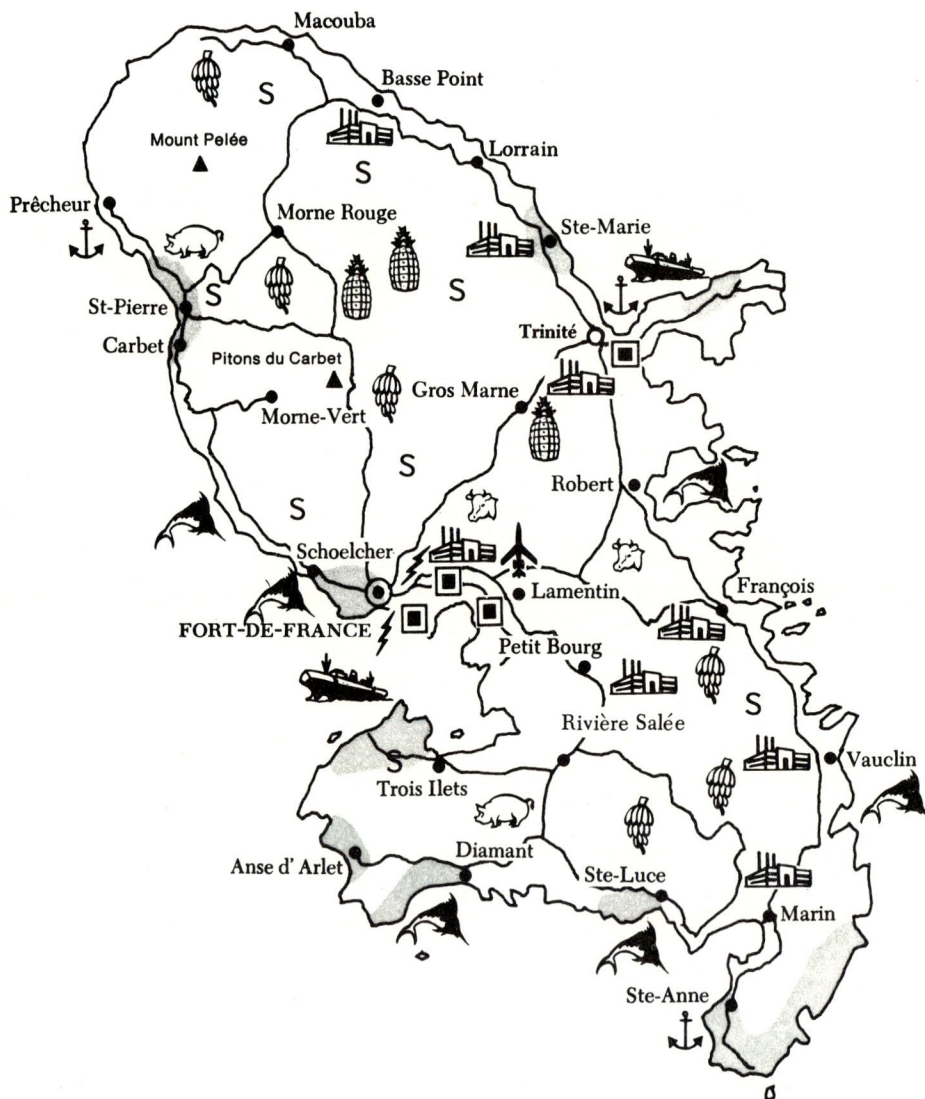

Macouba

Basse Point

S

Mount Pelée ▲

Lorrain

Prêcheur ⚓

S

Morne Rouge

Ste-Marie

St-Pierre

S

S

Carbet

Trinité

Pitons du Carbet ▲

Gros Marne

Morne-Vert

S

Robert

S

Schoelcher

François

FORT-DE-FRANCE

Lamentin

Petit Bourg

S

Rivière Salée

Vauclin

Trois Ilets

Diamant

Ste-Luce

Anse d' Arlet

Marin

Ste-Anne ⚓

la martinique

UN PARADIS ?

«Pour moi, la Martinique, c'était un peu le bout du monde... Mais, arrivé là-bas, au Hilton, j'ai découvert un coin de France: on y trouve la même douceur et une cuisine délicieuse. Bien sûr, il y a des couchers de soleil inoubliables, une végétation magnifique, des gens qui sourient tout le temps... Mais c'est peut-être ça la France du bout du monde: ce charme indéfinissable des climats français et martiniquais, à la fois si proches et si différents. »

Xavier Dolenga
Neuilly, France

C'est vrai. Pour goûter
à fond le charme
et la douceur de
la Martinique,
l'île aux fleurs
et aux petits chemins,
c'est au Hilton qu'il faut descendre.
Au Hilton, où les cuisines française et créole
les plus exquises vous sont servies dans une salle
à manger qui s'ouvre sur la mer; où les chambres ont l'air
conditionné avec le téléphone et la radio; au Hilton où il y a
aussi une magnifique piscine et un casino.
Choisissez une seule fois le «Martinique Hilton», et vous aurez
de bonnes raisons d'y revenir.

Pour réserver, vous pouvez appeler votre Agence de voyages, un hôtel
Hilton ou un bureau de réservation Hilton. À Paris, téléphonez au 273 16-25.

Choisissez une seule fois le «Martinique Hilton», et vous trouverez de bonnes raisons d'y revenir!

Mémo-VACANCES sur La MARTINIQUE

Situation: 60 milles au sud de son île sœur, La Guadeloupe.
Langue:
Français, très peu d'anglais.
Gouvernement:
Département français d'outre-mer.

Monnaie: Le Nouveau Franc (environ 25¢ U.S.).
Capitale: Fort-de-France.
Population: Environ 370.000
Géographie: 385 milles carrés.
Température moyenne: 79° F.

Martinique si riche en histoire...

90 km de long, 30 de large, la Martinique, île de fleurs, de plages et de montagnes, est à 7.000 km de Paris, 3.150 de New-York, 3.650 de Montréal.

De magnifiques plages de sable blanc le long de la mer des Caraïbes et sur la côte Atlantique incitent à la pratique de tous les sports nautiques ainsi qu'à la pêche tandis que la végétation tropicale et les superbes forêts des sommets montagneux offrent une variété infinie de promenades et d'excursions.

Un vaste choix d'installations hôtelières, allant du pittoresque petit hôtel antillais à l'établissement de luxe, offre au visiteur en Martinique, à toute époque de l'année, un séjour de rêve.

Fort-de-France, 100.000 habitants, chef-lieu de l'île et centre économique très animé.

Chants, danses et traditions se combinent pour donner un folklore purement martiniquais à une population aux origines multiples... Le visiteur est frappé par l'élégance et la richesse des costumes portés par les femmes en certaines occasions. Le Carnaval, point culminant du calendrier des manifestations en Martinique, les épreuves sportives du dimanche, la biguine que l'on danse le soir soulignent cette ambiance antillaise qui pourtant se rattache en de si nombreux points à la vieille France. On retrouve en Martinique l'essence de la vie française, la pensée, la langue à laquelle s'ajoute le dialecte créole dont on ne peut oublier la douceur.

Publié par le gouvernement français

aimé césaire
POÈTE ET POLITIQUE

A la Martinique, l'espérance de la liberté prend le nom d'Autonomie, non d'Indépendance.

Chaque année, en janvier ou février, des centaines de Canadiens s'envolent à 600 milles à l'heure en direction des Antilles pour s'y faire cuire au soleil. Pendant deux ou trois semaines, ils paient pour avoir chaud, mangent et dorment dans des hôtels modernes, et s'en retournent avec des images de plages et de soleil.

Cynique ironie des pays dits touristiques. Les habitants des îles du soleil, eux, ont une autre perception de leur réalité. La Martinique, département français, est l'un de ces paradis pour les autres.

Cela, nous le savons par Aimé Césaire, grand poète de la négritude. Césaire, comme Léopold Senghor, est aussi un homme politique. C'est à l'hôtel de ville de Fort-de-France, dont il est maire depuis plus de 30 ans, que je l'ai rencontré. Comme poète et politique, Césaire n'a cessé de conjurer tout son être vers le même but: la libération de son peuple.

Or, où en sont les choses?

«C'est un pays qui vivote, me déclare d'entrée Césaire. Ça n'a rien de dramatique et ça n'a rien d'exaltant. Les gens ne sont pas contents de ce qui existe, c'est normal, et chacun cherche de petites solutions individuelles. La situation est grise et assez terne. On voit mal les grandes lignes d'évolution. Economiquement, c'est catastrophique. Une dizaine d'usines de canne à sucre ont été fermées depuis cinq ans.»

Ces usines appartiennent à des Blancs, les *Békés*, tels qu'on les appelle là-bas. Ils sont environ 3.000 (sur une population totale de 370.000), tous descendants d'une dizaine de familles seulement.

Les syndicats accusent les propriétaires des usines de mauvaise administration et leur reprochent de perpétuer des méthodes archaïques d'exploitation. «Ils ont refusé de moderniser leurs usines et, évidemment aujourd'hui, ils doivent faire face aux lois de la sécurité sociale française qui s'appliquent à la Martinique. Poussés par le chômage, environ six mille jeunes partent chaque année vers la France. Les jeunes filles vont travailler dans les hôpitaux de Paris, les garçons trouvent à s'employer comme chauffeurs d'autobus, emplois assez mal rémunérés et qui trouvent peu de preneurs en France.»

Dans ces conditions, à quand l'autonomie martiniquaise? La question provoque chez tous une certaine hésitation.

«Notre mérite, poursuit Césaire, est d'avoir posé le problème de l'autonomie il y a 20 ans. Nous avons joué un rôle de levain, d'inspirateur, d'orienteur. Quant à l'usage que l'on fera de notre droit à l'autodétermination, cela dépend de la volonté collective librement exprimée. Et à ce droit, je ne vois qu'une limite: il n'y a qu'une seule chose que la Martinique n'a pas le droit de faire: c'est de renoncer à elle-même.»

Voilà pour le Césaire-politique. Le poète, lui, est beaucoup plus impatient devant la lenteur des choses. A son peuple, ce poème:

Quand donc cesseras-tu d'être le jouet sombre au carnaval des autres (...) à quand demain mon peuple (...) demain plus haut plus doux plus large (...)

Il faut repersonnaliser le Martiniquais. Mais comment faire, Monsieur Césaire? La réponse— «Susciter des poètes!»

Au sujet de la contestation de la jeunesse mondiale, Césaire s'exclame à nouveau: «C'est extraordinaire, exaltant! Cela signifie que tout n'est pas perdu. C'est le signe qu'un monde meurt et qu'un nouveau monde renaît. Non pas de la rencontre du capitalisme et du communisme, mais de la rencontre du socialisme et de la liberté. Un monde nouveau, comme en ont toujours rêvé des poètes, où l'Imagination est au Pouvoir!»

Jacques Fontaine
Le Maclean

TROIS ANTILLAIS A PARIS

Robert, Léontine et Jimmy sont les trois personnages principaux de «O Madiana»,[1] premier long métrage du Martiniquais Constant Gros Dubois, cinéaste et médecin. Trois Antillais à Paris à la recherche de leur identité. A la recherche aussi de choses bien terre à terre: travail, logement. A travers les péripéties de leur course à l'appartement, Léontine (Rose-Marie Fixy) et Robert (Benjamin Jules-Rosette) vont peu à peu prendre conscience de leur condition ambiguë. Ils se croient Français, ils se découvrent Nègres, confrontés avec les mêmes problèmes et essuyant les mêmes humiliations que les Africains.

Entre la théorie («Nous sommes Français») et la pratique («Vous êtes Noirs»), le conflit est permanent. Il débouche sur la névrose de Léontine, qui ne voit de solution que dans le «blanchissement». Et à l'opposé il débouche sur l'africanisation pour Robert. Deux mauvaises cartes. Ce sont des Antillais militants qui vont leur permettre d'assumer leur spécificité. Comme ils redonneront sa dignité à Jimmy, embarqué sur la galère de la drogue et devenu indicateur de police.

Pour illustrer le problème antillais, il y avait évidemment autre chose à dire et à montrer: le sous-développement des îles, les conflits sociaux et raciaux. Mais Constant Gros Dubois est formel: «Le problème fondamental, c'est que l'Antillais ne sait pas qui il est. Nous devons nous assumer, avec notre culture, notre histoire, notre langue, notre mode de vie. Nous devons nous accepter, comme Antillais et ne pas singer les autres, qu'ils soient Français de France ou Nègres d'Afrique. Lorsque les Antillais s'assumeront en tant que tels, leurs rapports entre eux et avec les autres seront profondément modifiés. Quand on sait qui on est, on a le souci de ses intérêts et on est plus à même de résoudre ses problèmes. Mon film n'est pas anti-blanc comme on le dit, le racisme n'est pas notre premier souci.»

«O Madiana», qui a été sélectionné dans la section *Perspectives* du cinéma français pour le festival de Cannes, est un film tourné avec un petit budget, grâce à la participation financière des comédiens—semi-professionels ou amateurs. Il présente certes quelques faiblesses, un didactisme parfois trop appuyé, mais aussi de belles scènes. Et un propos qu'on ne pouvait ignorer plus longtemps.

Sylviane Kamara
Jeune Afrique

---

1. *Madiana* est le premier nom de la Martinique, celui que lui avaient donné les Indiens.

Questions sur le texte

La Martinique, un paradis? et Mémo-vacances...

1. Qu'est-ce qui fait le charme de la Martinique pour le touriste?

Aimé Césaire, poète et politique

2. Pourquoi la Martinique n'est-elle pas un paradis pour les Martiniquais?

3. Quel est le problème des usines pour les Martiniquais?

4. Qu'est-ce qui pousse certains Martiniquais vers la France?

5. Quel avenir les Martiniquais qui vont en France peuvent-ils espérer?

6. Que voudrait Aimé Césaire pour la Martinique?

7. En quel sens le Martiniquais est-il «le jouet sombre au carnaval des autres»?

8. Sur quoi l'autodétermination de la Martinique pourrait-elle déboucher?

Trois Antillais à Paris

9. Qu'est-ce que Robert, Léontine et Jimmy cherchent à Paris?

10. Qu'est-ce qu'ils découvrent dans leur recherche?

11. Expliquez le conflit entre la théorie et la pratique que les Antillais rencontrent à Paris.

12. Quelles solutions Léontine et Robert trouvent-ils à leur problème?

13. Qu'est-ce qui est arrivé à Jimmy?

14. Selon Dubois, quel est le problème principal des Antillais?

15. Pour résoudre leur problème, Dubois pense que les Antillais doivent s'assumer. Expliquez ce qu'il veut dire par «s'assumer».

A votre avis

1. En quoi les problèmes de Robert, de Léontine et de Jimmy ressemblent-ils à ceux des émigrés de toutes les nations? En quoi sont-ils différents? Quels autres problèmes possibles pourriez-vous imaginer?

2. Etant donné le sous-développement de la Martinique, les conflits raciaux et sociaux et les problèmes économiques, pensez-vous que les luttes de Dubois et de Césaire soient impossibles? Qu'est-ce qu'ils doivent faire pour avoir du succès?

3. Pourquoi l'annonce du Martinique Hilton cite-t-elle un touriste français? A qui s'adresse l'annonce? Quel est l'effet produit par le commentaire de Xavier Dolenga?

4. Quelles similarités voyez-vous entre les problèmes sociaux d'Haïti et ceux de la Martinique? Ont-ils les mêmes avantages touristiques? Passeriez-vous vos vacances sur l'une de ces deux îles? Pourquoi ou pourquoi pas?

5. Comment un poète ou un cinéaste peut-il contribuer à la libération de son peuple?

Utilisation du vocabulaire

1. Pour renforcer les notions de la condition ambiguë et du conflit permanent des Antillais, l'auteur de «Trois Antillais à Paris» juxtapose des mots et des expressions contraires. Faites des phrases en juxtaposant les termes suivants:

   a. la théorie / la pratique
   b. le blanchissement / l'africanisation
   c. se croire / se découvrir

2. Trouvez dans les textes un substantif qui correspond à chacun des verbes suivants. Ensuite, employez les substantifs dans des phrases originales:

   a. contester
   b. espérer
   c. rencontrer
   d. éprouver
   e. cuire
   f. jouer
   g. percevoir
   h. prendre
   i. charmer
   j. pêcher
   k. chômer
   l. séjourner
   m. penser
   n. établir
   o. se soucier

Rôle à jouer

Un(-e) étudiant(-e) est un conseiller (une conseillère) touristique de la Martinique venu(-e) donner une courte présentation à une classe de français américaine. En trois minutes, il (elle) décrit les attraits principaux de son île. Ensuite, les étudiants lui posent des questions. Comment s'y rendre? Que faire? Comment sont les plages? Etc.

Discussion/ composition

Il y a sans aucun doute une grande différence entre les perceptions des touristes et celles des habitants martiniquais. D'un côté, on peut dire que l'on exploite la Martinique. Mais de l'autre côté, l'économie de l'île dépend des touristes. Comment voyez-vous ce dilemme? Quelles solutions pourriez-vous envisager? Si les Martiniquais réussissent à s'assumer, quel sera l'effet sur le tourisme?

Projet

La carte à la page 164 montre les villes et les industries principales de la Martinique. Faites des recherches pour découvrir le rôle que jouent ces villes et ces industries dans l'économie martiniquaise.

Vocabulaire

La Martinique, un paradis?

coucher de soleil *m.* sunset
douceur *f.* pleasantness, mildness

exquis, -e exquisite
indéfinissable indefinable

Mémo-vacances sur la Martinique

antillais, -e of the Antilles (islands)
calendrier *m.* calendar
épreuve sportive *f.* sporting, athletic event
établissement *m.* establishment; building

outre-mer overseas
se rattacher à to be tied to
sable *m.* sand
séjour *m.* stay
sommet *m.* top, summit

Aimé Césaire, poète et politique

canne à sucre *f.* sugar cane
contestation *f.* opposition
espérance *f.* hope
faire face à to face, cope with
levain *m.* yeast
mondial, -e worldwide

négritude *f.* black consciousness
preneur, -euse *m., f.* taker
rémunéré, -e paid
susciter to raise up; to create
terne dull, drab
vivoter to live miserably

Trois Antillais à Paris

appuyé, -e stressed
s'assumer to accept oneself (as one is)
à travers throughout
blanchissement *m.* bleaching, whitening
cinéaste *m.* movie producer
comédien, -enne *m., f.* actor (actress)
déboucher sur to give way to, to result in
essuyer to suffer, endure
être plus à même de to be better able to

galère *f.* slave galley
indicateur *m.* informant, stool pigeon
névrose *f.* neurosis
péripéties *f. pl.* ups and downs (of life); mishaps
prendre conscience de to begin to understand
propos *m.* subject
résoudre to solve, resolve
singer to ape, mimic
surpeuplé, -e overpopulated
terre à terre down-to-earth

6

NOUVEAU VISAGE DU MONDE AFRICAIN

Chapitre 18

L'Etonnant Zaïre

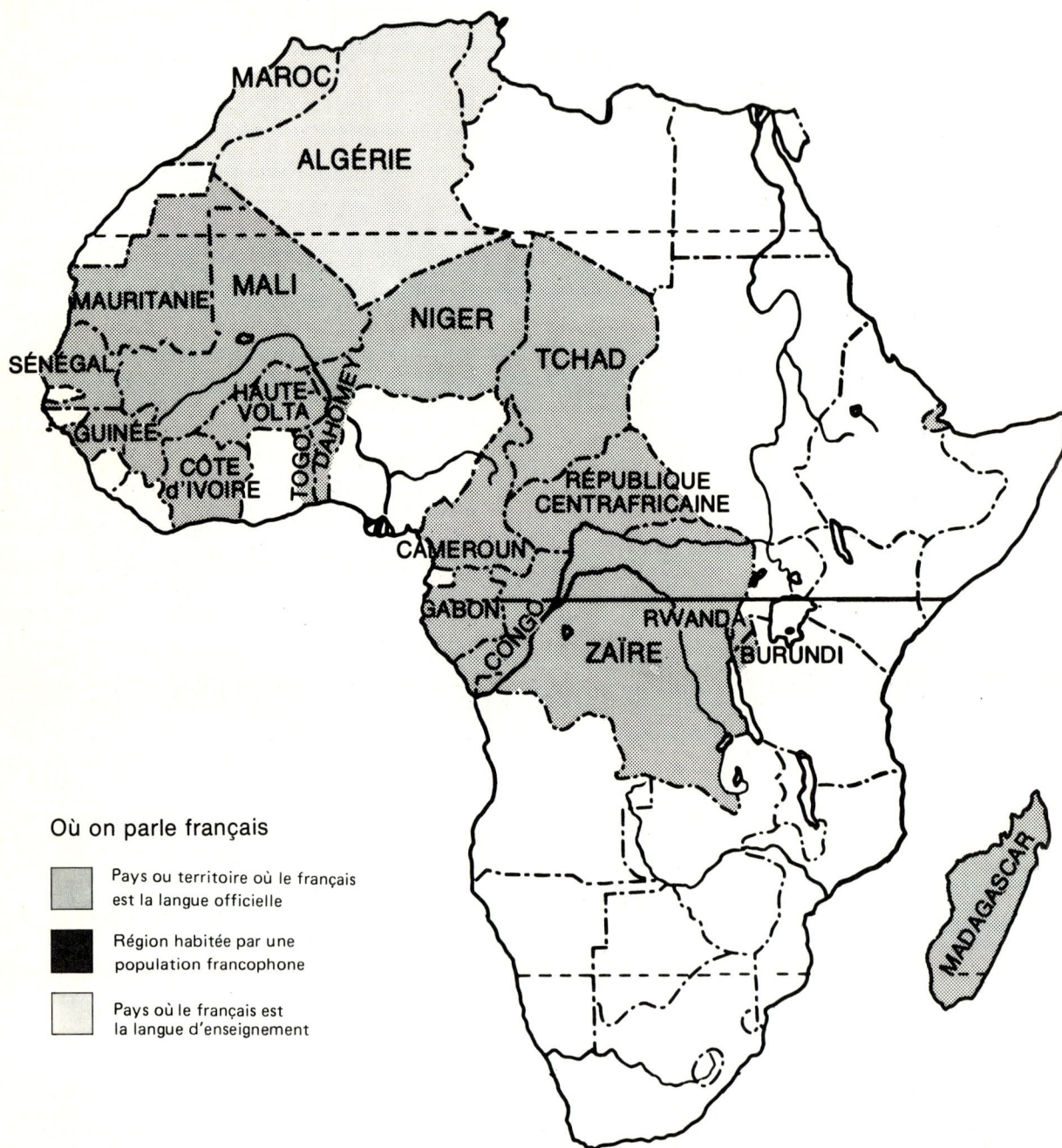

L'Afrique

MAROC

ALGÉRIE

MAURITANIE

MALI

NIGER

TCHAD

SÉNÉGAL

GUINÉE

HAUTE-VOLTA

TOGO

DAHOMEY

CÔTE d'IVOIRE

RÉPUBLIQUE CENTRAFRICAINE

CAMEROUN

GABON

CONGO

RWANDA

ZAÏRE

BURUNDI

MADAGASCAR

Où on parle français

Pays ou territoire où le français est la langue officielle

Région habitée par une population francophone

Pays où le français est la langue d'enseignement

L'ÉTONNANT ZAÏRE

Du temps de la présence française et belge, cet immense pays au cœur même de l'Afrique s'appelait le Congo. Le Zaïre constitue à lui seul presqu'un sous-continent à l'intérieur de l'Afrique.

Les premiers visiteurs, explorateurs et missionnaires revenaient fascinés par la variété de ses paysages, de sa végétation, de ses cultures. En descendant les nombreux fleuves et lacs, on entrevoyait de magnifiques montagnes et même d'imposants volcans. Et puis, on parlait aussi des animaux sauvages: élégantes girafes, impressionnants gorilles, sans oublier les rhinocéros, lions, antilopes et toutes les colonies d'oiseaux multicolores.

Le visiteur moderne retrouve aujourd'hui tous ces aspects du Zaïre. Ainsi, l'industrie touristique est appelée à jouer un rôle primordial dans le développement économique du pays.

Un Pays jeune avec des problèmes à résoudre

Avant de devenir un centre touristique à la mode, le Zaïre a d'importants problèmes à résoudre. Le chef de l'Etat zaïrois, M. Mobutu, déclarait récemment: «Mon pays connaît une situation économique préoccupante.»

La priorité du gouvernement est donc de redresser l'économie, de remettre en ordre l'administration du pays afin de l'orienter vers l'avenir sur une base plus solide.

Le Zaïre dispose d'énormes richesses minières et forestières, qui, ainsi que le tourisme, devraient relancer l'économie du pays. D'après le président du Zaïre, les priorités pour les prochaines années seront de freiner l'inflation, de reconstruire le réseau de routes et de chemins de fer et d'assurer une administration stable et honnête des services gouvernementaux.

Le Monde

EN AFRIQUE AUSSI, ON PARLE FRANÇAIS

Au 19ᵉ siècle, les Européens, Français, Anglais, Belges surtout, ont colonisé l'Afrique noire. Aujourd'hui, presque tous les pays africains ont déclaré leur indépendance. Mais il reste des institutions, coutumes et traditions européennes. En particulier, le français reste la langue officielle de plus d'une douzaine de pays africains. Parmi les plus importants, mentionnons le Zaïre et le Sénégal.

Les Langues du Zaïre— Une Pyramide complexe

La situation des langues au Zaïre ressemble à celle de l'ensemble du continent africain. On peut se la représenter comme une pyramide. La base est occupée par les langues ethniques des tribus, l'étage moyen par des langues «nationales» et la pointe par une langue véhiculaire importée: le français.

Les Langues ethniques

Il est difficile de dire avec précision combien de langues sont parlées au Zaïre. Mais il y en a un peu plus de deux cents. Une trentaine d'entre elles sont bien connues.

Les Langues nationales ou régionales

Quatre langues entrent dans cette catégorie, mais deux en particulier sont devenues langues nationales: le lingala et le swahili. Le lingala était à l'origine la langue des «gens du fleuve». Et parce que les fleuves et rivières assurent un important réseau d'échanges et de commerce au Zaïre, cette langue s'est répandue dans l'ensemble du pays. C'est la principale langue de la chanson dans le pays, ce qui veut dire qu'elle est abondamment diffusée par la radio et par le disque. Environ cinq millions de Zaïrois parlent lingala.

Huit millions parlent swahili. Historiquement, le cas du swahili est très proche de celui du lingala. C'est, à l'origine, la langue d'un petit groupe ethnique. Mais, ce fut la première langue apprise par les missionnaires et commerçants étrangers. C'est ainsi qu'elle s'est diffusée non seulement au Zaïre, mais ailleurs en Afrique, au Kenya, dans l'Ouganda, en Tanzanie et en Zambie.

La Place du français

Du fait que le français est la langue officielle, le Zaïre se trouve être le deuxième pays francophone du monde par sa population. Mais il est évident que les 28 millions d'habitants du Zaïre ne parlent ni ne comprennent pas tous le français. Le français est toutefois la langue administrative du pays. Il y a en outre quatre grands journaux de langue française, la radio et la télévision françaises. L'enseignement, surtout l'enseignement universitaire, se fait en français.

Jacques Cellard
Le Monde

LA MUSIQUE
Moyen d'expression privilégié

Bien qu'un équivalent exact du mot *musique* soit curieusement absent de la plupart des langues locales, le phénomène musical occupe au Zaïre une place privilégiée. Personne n'y est indifférent, et rares sont ceux qui n'y participent pas d'une manière ou d'une autre.

Mais à quoi ressemblent ces musiques du Zaïre? Tout d'abord, elles sont très diverses, à l'image des populations qui habitent cet immense pays. Chaque groupe culturel possède ses styles propres. Les instruments sont nombreux mais ils n'occupent pas le devant de la scène. Car ce qui compte ici, c'est le chant.

Socialement, la musique joue un rôle fondamental: la communauté se retrouve à travers elle. Et c'est à travers elle encore qu'est assurée la communication avec les ancêtres, les esprits, la nature.

Dans de lointains villages, on entend parfois de petits ensembles de jeunes qui essayent d'imiter la musique de la ville, diffusée par la radio. On danse par couple, comme en ville. En revanche, on peut entendre dans la capitale de nombreux groupes folkloriques qui jouent un répertoire traditionnel avec xylophones et tambours.

Mais la musique dominante, omniprésente, diffusée par des milliers de haut-parleurs, que tout le monde connaît et apprécie, est celle des orchestres de Kinshasa (la capitale). Ses origines remontent aux années 30 et aujourd'hui ses rythmes sont ceux de la rumba, avec quelques influences caraïbes, et plus rarement brésiliens ou nord-américains.

Pour les musiciens, un fait économique pèse lourdement sur leur situation: les instruments modernes avec leurs systèmes d'amplification sont si coûteux qu'ils n'en sont presque jamais propriétaires. Les maîtres du jeu sont les chefs d'orchestre ou des hommes d'affaires qui financent les groupes. On voit tout de suite que la situation du musicien est difficile: il est au service d'un patron dont il est entièrement dépendant.

Benoît Quersin
Le Monde

Questions sur le texte

L'Etonnant Zaïre

1. Quelles sont quelques-unes des caractéristiques géographiques du Zaïre?

2. Comment est la situation économique du pays? Quel est le secteur industriel le plus important? Quelles industries devront se développer?

3. Selon le président du Zaïre, quelles seront les priorités gouvernementales pour les prochaines années?

En Afrique aussi, on parle français

4. Pourquoi parle-t-on français en Afrique noire?

5. Pourquoi le journaliste Jacques Cellard compare-t-il la structure des langues au Zaïre à celle d'une pyramide? Décrivez les divers niveaux de la pyramide.

6. Comment le lingala et le swahili se sont-ils répandus au Zaïre?

7. Quelle est la place du français dans le pays?

La Musique, moyen d'expression privilégié

8. Pourquoi les musiques du Zaïre sont-elles diverses?

9. Quelle est la forme la plus importante de la musique zaïroise?

10. Quels rôles sociaux la musique joue-t-elle?

11. Quelle est la musique dominante du Zaïre? Décrivez-la.

12. Quel est le dilemme des musiciens d'orchestre? Pourquoi est-ce une situation difficile?

A votre avis

1. Les problèmes du Zaïre ressemblent à ceux des autres pays africains et, en général, à ceux des pays en voie de développement. Selon vous, quels sont les problèmes les plus importants que partagent ces pays?

2. Quels seraient certains des problèmes créés par une multitude de langues dans un même pays? Le gouvernement a-t-il le droit d'imposer à son peuple une seule langue officielle? Ou devrait-il s'adapter à la diversité de langues et de dialectes? Comment un gouvernement peut-il encourager en même temps l'unité linguistique et la conservation de diverses cultures traditionnelles?

3. A part l'anglais courant, quelles langues et quels dialectes parle-t-on en Amérique? Est-ce un problème? Pourquoi ou pourquoi pas?

4. «Dans de lointains villages, on entend parfois de petits ensembles de jeunes qui essayent d'imiter la musique de la ville, diffusée par la radio. En revanche, on peut entendre dans la capitale de nombreux groupes folkloriques qui jouent un répertoire traditionnel avec xylophones et tambours.» Quelle ironie voyez-vous dans cette situation? Ce contraste de la ville avec la campagne, du moderne avec le traditionnel, est-il un phénomène unique aux pays en voie de développement? Et aux pays occidentaux?

5. Les jeunes musiciens occidentaux font-ils face à autant de problèmes financiers que les musiciens d'orchestre zaïrois? Font-ils appel à d'autres sources que des patrons? Quels seraient les problèmes d'un artiste qui est entièrement dépendant d'un patron?

Utilisation du vocabulaire

En décrivant les animaux sauvages du Zaïre, le texte parle des girafes **élégantes** et des gorilles **impressionnants.** Suggérez deux adjectifs qui décrivent les animaux suivants et faites des phrases en les employant:

a. le lion
b. le rhinocéros
c. l'antilope
d. l'éléphant
e. la vipère
f. l'hippopotame

Rôle à jouer

Imaginez une conversation entre vous, jeune artiste (musicien(-ne), sculpteur(-trice), écrivain, etc.) et votre patron(-ne). Vous voudriez vous commercialiser alors que votre patron(-ne) s'intéresse à votre intégrité artistique. Tâchez de réconcilier vos points de vue différents.

Discussion/ composition

Aujourd'hui, en Amérique, il y a un renouveau d'intérêt pour les origines ethniques. On veut faire revivre langues, cultures et traditions d'origine. Comment expliquez-vous ce phénomène? Comment ceci se manifeste-t-il dans l'ensemble du pays? Comment cela vous touche-t-il personnellement?

Projet

Tracez vos origines ethniques et préparez un arbre généalogique que vous présenterez à la classe. Ou si vous préférez, choisissez un de vos ancêtres et racontez son histoire. Pourquoi le trouvez-vous intéressant?

Vocabulaire

L'Etonnant Zaïre

afin de in order to
coutume *f.* custom
fleuve *m.* river
minier, -ière mining
préoccupant, -e worrisome,
    disturbing
redresser to reestablish

relancer to give new impetus
réseau *m.* network
sauvage savage, wild
sous-continent *m.*
    subcontinent
volcan *m.* volcano

En Afrique aussi, on parle français

abondamment abundantly
diffusé, -e broadcast
se diffuser to become
    widespread
en outre in addition to, besides
ensemble *m.* whole, entirety

langue véhiculaire language
    for communication
se répandre to spread
tribu *f.* tribe

La Musique, moyen d'expression privilégié

ancêtre *m.* ancestor
communauté *f.* community
coûteux, -euse expensive,
    costly

en revanche on the other hand
haut-parleur *m.* loudspeaker
lointain distant, remote, far-off

Chapitre 19

Le Sénégal en marche

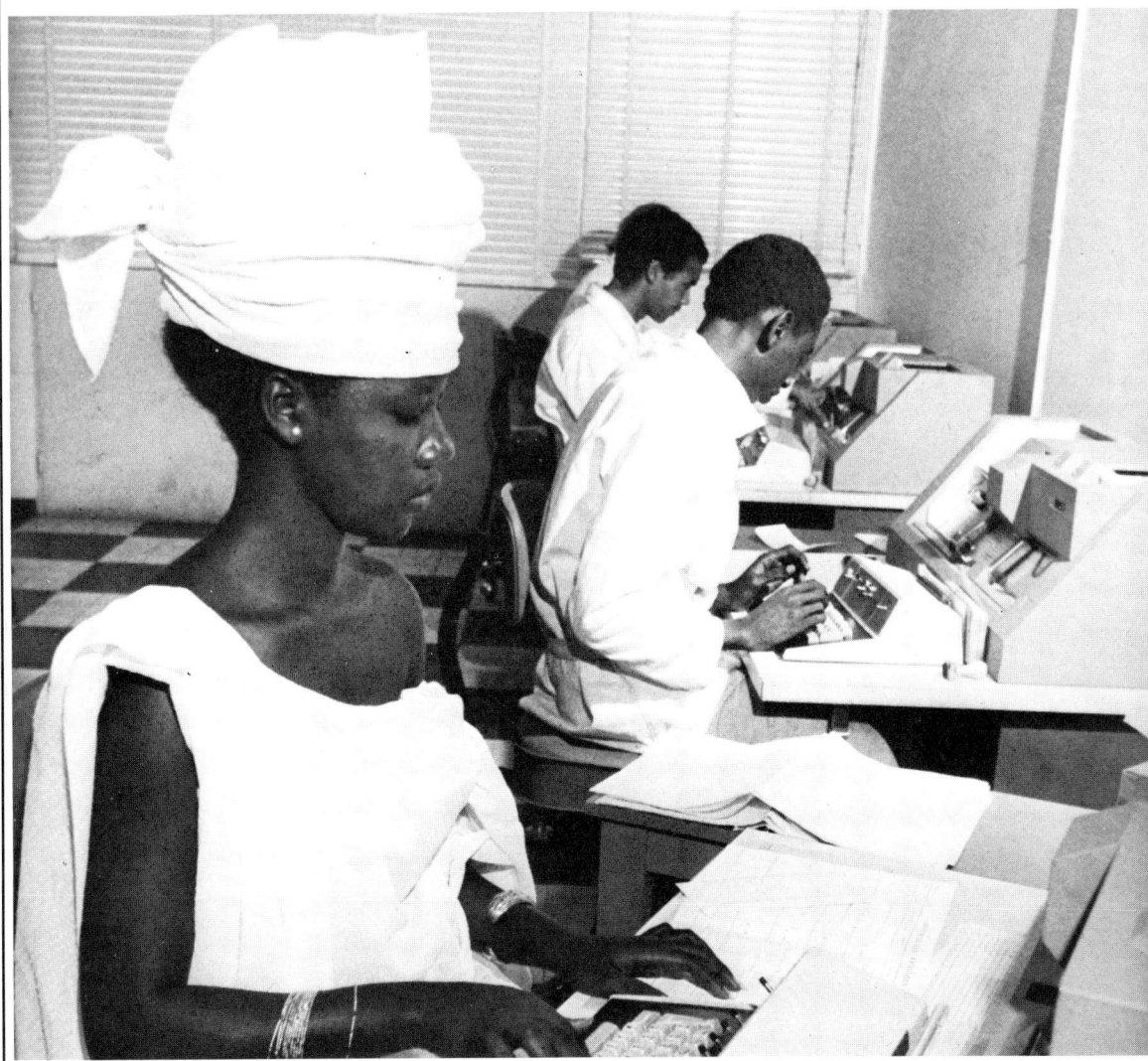

Créer des cités de dialogue

Pierre Goudiaby, président de l'Ordre des architectes du Sénégal, a commencé sa carrière par un coup d'éclat. En 1975—il avait alors 28 ans—il remporte, avec son associé Cheikh Ngom, le concours international pour la conception et la réalisation du siège de la Banque centrale des Etats de l'Afrique de l'Ouest (BCEAO), à Dakar. Il est aujourd'hui le chef de file de cette nouvelle génération d'«artistes techniciens» pour qui l'architecture est avant tout un facteur de développement social, économique et culturel auquel les instances politiques devraient accorder une importance égale à celle de l'urbanisme.

Jeune Afrique: Quelle est votre conception de l'architecture?

Pierre Goudiaby: L'architecture, c'est tout ce qui a trait à la vie. L'architecte a la vision d'un monde, d'une culture, qu'il doit traduire par la pierre dans l'espace pour que s'y passe la vie. Quand vous construisez une maison, une ville, un village de vacances, vous organisez la vie des autres. Il faut aimer les gens pour pouvoir organiser une vie qu'ils apprécieront.

J. A.: Vous parliez de «réorganiser» la vie...

P. G.: Il faut faire renaître la vie africaine fondée sur le contact. D'où l'importance d'être africain, quand on fait de l'architecture en Afrique... Il faut conserver la vie de groupe. C'est difficile parce que les gens ne veulent plus vivre en communauté. Peut-

être qu'on leur a donné de mauvais exemples de regroupement, car il ne faut regrouper que ce qui est regroupable. Nous vivons de plus en plus comme des Européens, on ne connaît plus son voisin, il faut créer des «cités de dialogue».

J. A.: Quel peut être le rôle de l'architecte dans un pays en voie de développement?

P. G.: Il faut d'abord voir l'architecture comme un élément de développement. On dit quand le bâtiment va, tout va. Comment faire aller le bâtiment avec les connotations économiques, culturelles, politiques qui s'y greffent? Il ne s'agit pas de faire des maisons et de s'arrêter là. Il faut penser à réorganiser la société pour créer des emplois et redonner la joie de vivre qui se perd. Il faut retrouver la vie saine des villages africains.

Sylviane Kamara et Jean-Pierre N'Diaye
Jeune Afrique

La bibliothèque toute moderne de l'Université de Dakar

SÉNÉGAL

Population: 5.085.388 habitants
Langue officielle: le français
Religion: 82% des Sénégalais sont musulmans
Régime: de type présidentiel
Agriculture: l'arachide

Capitale: DAKAR

Une ville moderne et active—il y a une université, de belles plages, un aéroport, de bons restaurants. Une vieille section avec ses anciens marchés d'épices, d'or et de fleurs ajoute au pittoresque de Dakar. La population de la capitale est de 798.800 habitants.

A visiter aussi: L'ILE DE GOREE

Une île historique, connue surtout pour sa «Maison des escalves». Cette maison était le centre d'où 40 millions de malheureux furent arrachés à leurs pays au 16e et 17e siècles. Au moins six millions moururent à la suite des privations ou des traitements inhumains. Plusieurs furent envoyés en Amérique.

ADRESSES UTILES

HERTZ SÉNÉGAL, 26, rue Jules Ferry. Tél. 263-62 et 263-87. Hôtel de N'Gor. Tél. 455-35. Fiat, Simca, Peugeot, Renault. *Rent a car.*

LA HUTTE AFRICAINE, chemisier, broderies africaines, 20 av. Maginot.

EUROPCARS-SINTRA, 71, rue Blanchot. Tél. 226-59. Station service de N'Gor. Tél. 455-87. Location sans chauffeur. *Rent a car.*

LA MAISON DU LIVRE, 13, ave. Roume. Tél. 229-85 Littérature africaine, ouvrages d'art africain.

LA ROSERAIE, 13 avenue Roume. Tél. 226-84 FLEURISTE FLEUROP-INTER-FLORA.

ART et COIFFURE, Hommes et dames—Spécialiste du cheveu. Vente et location de perruques, postiches, nattes—Building Colisée. 32, av. Maginot. Tél. 334-35.

G. BALLADA, tous bijoux, bijoux sénégalais, 16, av. Ponty. Tél. 234-64.

SUZY, votre chausseur, place de l'Indépendance. Tél. 260-65. Chaussures pour hommes, femmes et enfants.

Claude Henry VIALA, Hair STYLIST-ICD
Membre INTERCOIFFURE Paris

RESTAURANTS

LE GRENIER D'ALI BABA, 8 av. Albert Sarraut. Tél. 262-67. Spécialités orientales—Discothèque, salle climatisée.

LE PROTET, place de l'Indépendance. Tél. 221-55. Sa carte et ses menus à 6,50 frs.

AFRICANA, Club—Hôtel de N'Gor—Dancing—Discothèque. Tél. 455-35.

LE PERE DU SENEGAL MODERNE

Poète sénégalais d'expression française, promoteur du mouvement de la négritude, ami d'Aimé Césaire (maire de la capitale de la Martinique), ancien Président du Sénégal, Léopold Senghor incarne l'âme du pays, un retour aux sources africaines...

LA NEGRITUDE

La négritude est, selon Senghor: «un ensemble des valeurs de civilisation du monde noir. Non pas valeurs du passé, mais culture authentique. C'est cet esprit de la civilisation négro-africaine qui, enraciné dans la terre et les cœurs noirs, est tendu vers le monde—être et choses—pour le comprendre et le manifester.»

L'URBANISME

Les grandes villes d'une société en plein développement offrent des contrastes frappants avec la société traditionnelle rurale. Ceci pose des problèmes difficiles sur le plan de l'urbanisme que le gouvernement essaie de résoudre. Le grand problème est d'ordre social et réside dans la rupture de traditions qui s'est produite entre la société rurale basée sur le matriarcat et la société urbaine dans laquelle la femme a perdu son influence.

L'ECONOMIE

Le grand problème du Sénégal est le peu de richesses naturelles. Le projet le plus important concerne la mise en valeur du fleuve Sénégal. Il s'agit de créer dans la vallée du fleuve une agriculture intensive afin de satisfaire aux besoins du pays. Il faut compter sur des pays étrangers pour l'aide financière de ce projet.

LE TOURISME

La gentillesse et l'hospitalité des Sénégalais sont les meilleures assurances pour le développement du tourisme qui pourrait contribuer beaucoup à l'économie nationale.

LES INEGALITES

Léopold Senghor dit qu'«aujourd'hui le problème du socialisme est de supprimer les inégalités entre les nations riches et les nations pauvres», par des investissements vraiment sociaux et la formation de citoyens capables de se charger des problèmes techniques de leur pays.

M. Léopold Sédar Senghor,
homme politique et poète

Créer des cités de dialogue

1. Comment Pierre Goudiaby s'est-il fait connaître au début de sa carrière?

2. Quelle idée la nouvelle génération d'artistes techniciens se fait-elle de l'architecture?

3. D'après Goudiaby, qu'est-ce qu'il fait quand il construit une maison? Expliquez ce qu'il veut dire.

4. Comment l'architecture peut-elle faire renaître la vie africaine?

5. Que veut dire Goudiaby quand il parle de «cités de dialogue»?

6. Comment Goudiaby comprend-il le rôle de l'architecture dans le développement de son pays?

Sénégal

7. Pourquoi l'île de Gorée intéresse-t-elle les touristes?

8. Le Sénégal est une ancienne colonie française. D'après les annonces à la page 189, quelles influences françaises y trouvez-vous? Quelles traces d'autres pays ou d'autres cultures y trouvez-vous?

9. Décrivez Léopold Sédar Senghor.

10. Qu'est-ce que c'est que la négritude?

11. Qu'est-ce qui pourrait aider l'économie du Sénégal?

A votre avis

1. Est-ce important qu'on conserve la vie de groupe en Afrique? Quels en sont les avantages et les désavantages?

2. Vous serait-il facile de vivre en communauté? Est-ce que cette façon de vivre vous intéresse personnellement? Serait-elle possible ou pratique en Amérique? Expliquez votre réponse.

3. Pierre Goudiaby parle de l'importance d'être africain quand on fait de l'architecture en Afrique. Etes-vous d'accord avec lui? Croyez-vous que le même commentaire serait vrai pour l'Amérique: «Il faut être américain quand on fait de l'architecture en Amérique»? Pourquoi ou pourquoi pas?

4. En Afrique on assiste aujourd'hui au mouvement de la campagne vers la ville. Ceci fait partie de l'industrialisation du continent. Pourquoi les gens de la campagne vont-ils en ville? Qu'est-ce qui arrive aux villages?

Utilisation du vocabulaire

1. Le texte dit que Goudiaby **a remporté un concours.** Dans ce cas le mot **remporter** veut dire «gagner». **Emporter** veut dire «prendre avec soi»; **remporter** exprime aussi «emporter encore une fois». Compléter les phrases suivantes en utilisant soit **remporter** soit **emporter** selon le contexte:

   a. Les voleurs ont ＿＿ la télévision.
   b. Jean a manqué le train. Il était obligé de ＿＿ ses affaires chez lui.
   c. Au film «Gone with the Wind» on a donné le titre français «Autant en ＿＿ le vent».
   d. Cette année une femme a ＿＿ le Prix Nobel.
   e. C'est une bataille que les Américains n'ont pas ＿＿.

2. Il y a dans le texte sur Pierre Goudiaby plusieurs verbes qui commencent avec le préfixe *re-* ou *ré-,* éléments qui expriment le retour à un état antérieur, la répétition, le renforcement ou le but d'une action. D'abord, trouvez dans le texte un verbe avec le préfixe *re-* ou *ré-* qui correspond à chacun des verbes suivants. Ensuite, faites des phrases pour mettre en contraste le sens des deux mots alliés:

   a. naître
   b. trouver
   c. grouper

   d. organiser
   e. donner

Rôle à jouer

Vous êtes architecte et vous discutez avec le maire de votre ville vos projets pour la communauté. Expliquez ce que vous voudriez construire et pourquoi. Le maire peut préférer d'autres projets ou vous aider à réaliser les vôtres. Parmi les choses que vous pourriez construire sont une grande surface, un village de vacances, une cité de dialogue, un restaurant fast-food, un centre culturel, une banque, un hôpital, etc.

Discussion/ composition

Le dernier article parle de la «rupture de traditions qui s'est produite entre la société rurale basée sur le matriarcat... et la société urbaine dans laquelle la femme a perdu son influence». Comment une femme peut-elle avoir plus d'influence dans une société rurale que dans une société urbaine?

Projet

Parmi les œuvres de Léopold Sédar Senghor on trouve les suivantes: *Chants d'ombre, Hosties noires, Ethiopiques* et *Nocturnes.* Cherchez ces livres à la bibliotheque, choisissez-y un poème et faites-en un exposé en classe. Discutez-le et expliquez pourquoi vous l'avez choisi.

Vocabulaire

Créer des cités de dialogue

associé, -e *m., f.* partner
chef de file *m.* leader
coup d'éclat *m.* stroke of
   genius
instance *f.* authority

sain, -e healthy
siège *m.* seat
traduire to translate
trait *m.:* **avoir trait à** to
   refer to (something)

Sénégal

âme *f.* soul
arachide *f.* peanut
bijou *m.* jewel
broderie *f.* embroidery work
enraciné, -e rooted
épice *f.* spice
esclave *m., f.* slave
matriarcat *m.* matriarchy
mise en valeur du fleuve
   harnessing the river's
   waterpower

natte *f.* braid (of hair)
ouvrage d'art *m.* work
   of art
perruque *f.* wig
postiche *m.* hairpiece
satisfaire à to satisfy
supprimer to suppress; to
   abolish

Chapitre 20

Masques d'Afrique noire

MASQUES
DE TOUS LES JOURS

En Afrique noire, le masque fait partie de la vie religieuse, quotidienne et politique.

Le masque dissimule et métamorphose l'homme qui le porte. Les masques ont les fonctions les plus diverses. Ils sont réservés aux cérémonies d'initiation des jeunes et sont exhibés au moment des cérémonies agraires ou funéraires. Ils rappellent les événements qui ont eu lieu à l'origine du monde et qui ont abouti à l'organisation de la société.

Le masque ne dissimule pas que les traits du visage, mais tout le corps. Il comprend de nombreux accessoires (ornements, costumes...) et l'homme qui le porte ne doit absolument pas être reconnu par la collectivité. Le masque représente un être connu qui possède une histoire.

LA DANSE

Le masque n'est pas un homme mais un esprit.

Au cours d'une cérémonie, le masque n'apparaît jamais seul. Plusieurs masques se succèdent dans des danses effrénées. La danse est l'âme du masque. L'homme en dansant se métamorphose et participe aux énergies immortelles du monde. Le mouvement libère, et par la danse, le masque s'exprime.

Masque du Congo

Masque du Gabon

LES MASQUES D'INITIATION

L'initiation est un rite de passage qui marque l'accession d'un adolescent à la vie adulte. Les jeunes gens sont généralement rassemblés à l'extérieur du village, où ils subissent en grand secret les épreuves destinées à mesurer leur maturité dans tous les domaines. On leur enseigne les lois de la société. Les initiés seuls ont le droit de prononcer le vrai nom des masques. Pour les autres ils ont des noms que tout le monde peut prononcer.

La durée de l'instruction est.longue, très sévère et complète. L'initiation dure entre deux et dix ans. Les jeunes sont initiés aux devoirs de la tradition de la tribu, à l'agriculture, etc.

MASQUES DES CÉRÉMONIES AGRICOLES

Ils sont régulièrement sortis au moment des semailles et des récoltes. Les jeunes qui les portent dansent dans les champs en encourageant les travailleurs... Les masques captent les sources surnaturelles pour qu'elles exercent une protection collective.

MASQUES FUNÉRAIRES

La mort représente le passage de la vie terrestre à la vie des ancêtres. Tout en cessant de faire partie du monde des vivants, l'individu ne cesse cependant d'exister. Les masques funéraires captent l'âme du mort et la rendent éternelle.

Masque de danse

Masque d'initiation

Les masques sont en relation directe avec les morts et doivent chasser les âmes des défunts. Ils représentent surtout des hommes et des animaux.

MATÉRIAUX

Les Africains utilisent surtout le bois mais d'autres matériaux sont aussi utilisés: le bronze, la pierre, l'ivoire, l'or.

LE SCULPTEUR

Les sculpteurs sont des spécialistes auxquels les membres de la collectivité s'adressent pour leur faire des commandes en fonction des besoins du culte. L'objet d'art terminé est alors consacré et imprégné de forces religieuses à l'occasion des rites appropriés.

INTERPRÉTATION

Le langage du masque n'est pas universel. Les masques ont été l'instrument des peuples sans écriture et à tradition orale pour constituer leur histoire. Les masques maintiennent l'ordre dans la collectivité. Ils sont aussi un code moral et politique. Les coutumes et les obligations sociales sont alors respectées. Le masque fait aussi partie de la vie domestique. Ainsi chez les Ngbaka du Congo-Kinshasa existent des masques servant à apaiser les bébés qui pleurent la nuit.

En étant le médiateur et le moyen de communication avec le monde surnaturel, le masque le capte pour protéger les collectivités auxquelles il appartient et cela donne une mesure de l'importance des masques dans la vie des sociétés traditionnelles africaines.

Joëlle von Baudissin
L'Afrique littéraire et artistique

Masque mi-humain, mi-animal du Congo

Léopold Senghor

PRIÈRE AUX MASQUES

Masques! O Masques!
Masque noir masque rouge, vous masques blanc-et-noir
Masques aux quatre points d'où souffle l'Esprit
Je vous salue dans le silence!

Vous distillez cet air d'éternité où je respire l'air de mes Pères.
Masques aux visages sans masque, dépouillés de toute fossette comme de toute ride

écoutez-moi!

Voici que meurt l'Afrique des empires -- c'est l'agonie d'une princesse pitoyable
Et aussi l'Europe à qui nous sommes liés par le nombril.
Fixez vos yeux immuables sur vos enfants que l'on commande
Qui donnent leur vie comme le pauvre son dernier vêtement.
Que nous répondions présents à la renaissance du Monde
Ainsi le levain qui est nécessaire à la farine blanche.
Car qui apprendrait le rythme au monde défunt des machines et des canons?
Qui pousserait le cri de joie pour réveiller morts et orphelins à l'aurore?
Dites, qui rendrait la mémoire de vie à l'homme aux espoirs éventrés?
Ils nous disent les hommes du coton du café de l'huile
Ils nous disent les hommes de la mort.
Nous sommes les hommes de la danse, dont les pieds reprennent vigueur en frappant
    le sol dur.

Chants d'ombre
Éditions du Seuil

Questions sur le texte

Masques de tous les jours

1. Identifiez les cérémonies dans lesquelles on se sert de masques. Quelles sont les fonctions de ces masques dans les cérémonies?

2. Discutez l'importance des masques pour l'Afrique tradition-nelle, du point de vue de la société, des coutumes, de l'art, des croyances religieuses.

3. Quel est le rôle de la danse dans les rites?

4. En quoi consiste l'initiation des jeunes?

5. Pourquoi enseigne-t-on les lois de la société aux jeunes pendant la période de leur initiation?

6. Que représente la mort dans la tradition africaine?

7. Quel est le rôle de l'artiste dans la création du masque?

«Prière aux masques» de Léopold Senghor

8. Quels sont les deux visages de l'Afrique décrits dans le poème «Prière aux masques» de Léopold Senghor?

9. D'après Senghor, on annonce la mort de «l'Afrique des empires... et aussi de l'Europe... ». Quels sont les espoirs de Senghor? Vers qui ou vers quoi se tourne-t-il?

1. A première vue, une culture étrangère peut sembler très différente de la nôtre. Mais à seconde vue, on peut souvent trouver plus de similarités que de différences entre les deux modes de vie. Alors, citez des objets, des habitudes, des rites et des traditions de la vie américaine qui, selon vous, correspondent aux aspects suivants de la culture africaine:

   a. des danses effrénées
   b. un rite de passage qui marque l'accession d'un adolescent à la vie adulte
   c. des épreuves destinées à mesurer la maturité dans tous les domaines
   d. une instruction longue, très sévère et complète
   e. un objet (d'art) consacré et impregné de forces religieuses à l'occasion de rites appropriés
   f. un instrument des peuples pour constituer leur histoire
   g. un moyen de maintenir l'ordre dans la collectivité
   h. un médiateur et un moyen de communication avec le monde surnaturel

2. Quelle est votre réaction au poème de Senghor? Est-ce que vous le trouvez optimiste ou pessimiste? Pourquoi? Quelle est l'attitude de Senghor envers les Européens? Et envers les Africains? Comment ce poème renforce-t-il la notion de l'importance des masques dans la vie traditionnelle africaine?

Utilisation du vocabulaire

1. Trouvez dans le poème des mots, des expressions et des images qui mènent à la personnification des masques. Comment ces termes créent-ils l'effet voulu?

2. Dans le poème, trouvez et expliquez les images qui décrivent:

   a. l'Afrique
   b. les Africains
   c. l'Europe
   d. les Européens

Discussion/ composition

Partout dans les textes on souligne les qualités religieuses et mystiques des masques africains. Cependant, aux pays occidentaux on prise ces masques comme objets d'art. Quelles qualités artistiques voyez-vous dans les masques africains? Si vous pouviez en acheter quelques-uns, comment en choisiriez-vous?

Projet

Les masques ne sont qu'un exemple de l'art africain. Faites des recherches sur une des autres formes d'art africain—la danse, la sculpture, la musique, la littérature, etc. Faites une présentation illustrée à la classe. Expliquez le rôle de l'art et de l'artiste dans une culture africaine.

Vocabulaire

Masques de tous les jours

aboutir à to culminate in
absolument absolutely
agraire agrarian
apaiser to calm
avoir lieu to take place
capter to catch; to recover
collectivité f. community
défunt m. deceased person
dissimuler to conceal
durée f. duration
effréné, -e unrestrained
événement m. event

faire des commandes to place orders
faire partie de to be a part of, belong to
fonction f.: **en fonction de** in terms of
imprégner de to impregnate with, imbue with
semailles f. pl. sowing
se succéder to follow one another
surnaturel, -elle supernatural

«*Prière aux masques*» de Léopold Senghor

agonie f. (death) agony
aurore f. dawn
dépouillé, -e de devoid of
éventré, -e torn open, ripped apart
fossette f. dimple
immuable unalterable, immutable

lié, -e attached
nombril m. navel
orphelin, -e m., f. orphan
pitoyable pitiable, wretched
ride f. wrinkle
souffler to breathe

7

NOUVEAU VISAGE DE L'AMERIQUE

Chapitre 21

La Chanson québécoise

Le mont Sainte-Anne, près de la ville de Québec

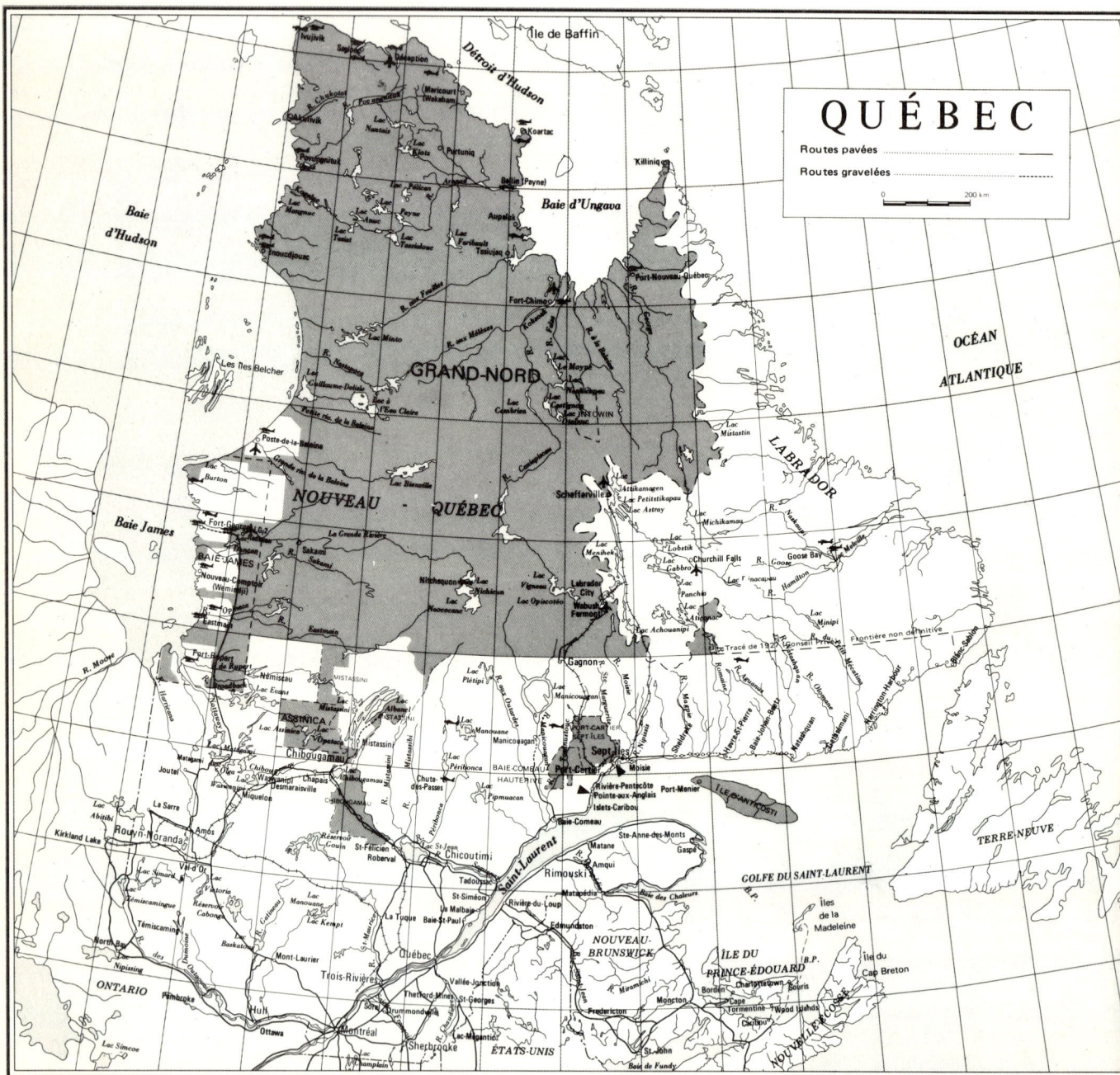

QUÉBEC

Routes pavées ....

Routes gravelées ....

0   200 km

Île de Baffin

Détroit d'Hudson

Baie d'Hudson

Baie d'Ungava

OCÉAN ATLANTIQUE

Ivujivik

Saglouk

Deception

Maricourt (Wakeham)

Koartac

Purtuniq

Bellin (Payne)

Killiniq

Port-Nouveau-Québec

Povungnituk

Inoucdjouac

Fort-Chimo

LABRADOR

Les Îles Belcher

GRAND-NORD

Lac Minto

Lac Guillaume-Delisle

Poste-de-la-Baleine

Lac Bienville

NOUVEAU - QUÉBEC

Lac Mistastin

Attikamagen

Schefferville

Lac Petitsikapau

Lac Astray

Lac Michikamau

Fort-George

Baie James

BAIE JAMES

Nouveau-Comptoir (Wemindji)

Sakami

Eastmain

La Grande Rivière

Nitchequon

Lac Nichicun

Lac Opiscotéo

Lac Vigneau

Labrador City

Wabush Fermont

Lac Menihek

Lac Lobstik

Lac Gabbro

Churchill Falls

Goose Bay

Nemiscau

Lac Evans

MISTASSINI

Frontière non définitive

ASSINICA

Chibougamau

Lac Mistassini

Lac Plétipi

Gagnon

Lac Manicouagan

Joutel

Chapais

Chibougamau

Manouane

Manicouagan

PORT-CARTIER SEPT ÎLES

Sept-Îles

Moisie

La Sarre

Amos

Lac Péribonca

BAIE-COMEAU HAUTERIVE

Port-Cartier

Port-Menier

ÎLE D'ANTICOSTI

Rouyn-Noranda

Kirkland Lake

Val-d'Or

Rivière-Pentecôte
Pointe-aux-Anglais
Islets-Caribou

Chute-des-Passes

Baie-Comeau

Ste-Anne-des-Monts

Gaspé

North Bay

Nipissing

Témiscaming

Réservoir Gouin

St-Félicien

Roberval

St-Siméon

Chicoutimi

Tadoussac

Matane

Amqui

Matapédia

Baie des Chaleurs

GOLFE DU SAINT-LAURENT

TERRE-NEUVE

Îles de la Madeleine

Île du Cap Breton

Mont-Laurier

La Tuque

Lac Kempt

Rimouski

Rivière-du-Loup

St-Siméon

La Malbaie

Baie-St-Paul

Édmundston

NOUVEAU-BRUNSWICK

ÎLE DU PRINCE-ÉDOUARD

Charlottetown

Souris

ONTARIO

Pembroke

Trois-Rivières

Québec

Vallée-Jonction

St-Georges

Thetford Mines

Fredericton

Moncton

Borden

Cape Tormentine

Wood Islands

Huli

Ottawa

Lac Simcoe

Montréal

Drummondville

Sherbrooke

Lac Mégantic

ÉTATS-UNIS

St-John

Baie de Fundy

Saint-Laurent

NOUVELLE-ÉCOSSE

LES DEUX COMBATS DE PAULINE JULIEN

S'il fallait trouver un seul mot pour décrire Pauline Julien, ce serait l'adjectif *passionnée.*

Elle fut québécoise avant tout le monde. Car il fallait un fier courage en 1964, alors même que le Parti québécois des indépendantistes n'existait pas, pour refuser de chanter devant la reine d'Angleterre, pour indiquer ainsi publiquement que les francophones de la Nouvelle France ne se considéraient plus comme des sujets anglais.

Pour expliquer comment son chant est devenu politique, laissons la chanteuse nous le dire elle-même:

«Je me suis simplement mise à chanter des textes que m'écrivaient les poètes, les écrivains québécois. De belles histoires qui me touchaient et dont j'espérais qu'elles toucheraient beaucoup de monde. Des histoires, pas l'Histoire. C'est René Lévesque, Premier ministre du Québec, qui a dit que quelques-unes de nos chansons avaient beaucoup plus fait pour la cause québécoise que tous les discours des politiciens... »

Mais Pauline Julien a un autre combat. Personne ne parlait encore du féminisme. Pauline Julien exhortait déjà ses sœurs: «Allez voir, vous avez des ailes!» Elle en vint donc logiquement, un jour, à consacrer un récital entier aux femmes: «Femmes de paroles». Puis deux disques qui disaient tout: le temps de l'ignorance et de la soumission, celui de la révolte, celui enfin de la solidarité, des ruptures et des changements.

«J'ai parlé des femmes du Québec, c'est vrai, explique Pauline Julien. Mais, en fait, je me suis servie d'une série de cas de femmes québécoises pour parler de toutes les femmes: la femme qui est à l'usine et mal payée; celle qui a déjà trop d'enfants... Ce ne sont pas seulement des Québécoises, ce sont des femmes de partout.»

Laure Jolicœur
F Magazine

Pauline Julien: ses chansons accomplissent plus que les discours des politiciens.

LA CHANSON QUI VIENT DU FROID

Mon Pays, c'est un grand hiver

Il a pour nom Gilles Vigneault. Poète et chanteur du Québec. Millionnaire du disque en sa province. Direct et simple comme tous les vrais artistes. Gilles Vigneault, je vous jure que ce n'est pas un chanteur comme les autres. Avec lui, c'est la chanson qui vient du froid.

—C'est vrai qu'il y fait froid. L'hiver, ce n'est pas une plaisanterie: deux mètres de neige sur les champs, trois sur le côté des routes. A Natashquan, mon village natal, sur la côte nord, un bateau nous ravitaillait de temps en temps. Et parfois un avion. C'est si grand. Un jour, j'ai amené mon père à Montréal. Quand il a vu les immeubles de dizaines d'étages, il s'est demandé: Pourquoi construire en hauteur, alors que le pays est si grand? Il ne pouvait pas comprendre. Mon pays, c'est un grand hiver. Tenez, moi j'ai pensé à une chose: on n'a pas encore assez parlé de la neige de chez nous. Si on savait ce qu'elle est, on viendrait du monde entier pour y faire du ski. Je pense à un slogan comme: «Pourquoi dépenser des sommes si grandes pour des vacances en Floride, alors que vous avez tant de neige à votre porte?»

Il s'anime. Ses longs bras font des gestes. Il hausse le ton, éclate de rire.

—Le Québec est américain mais il parle français, et c'est cela qui est important pour lui.

—Gilles Vigneault, les Québécois ont longtemps eu la nostalgie de la France. Aujourd'hui, ils donnent l'impression d'avoir changé cette nostalgie en fierté.

—C'est une bien belle chose que vous venez de dire là. Et qui est vraie. Oui, nous sommes devenus fiers d'être de chez nous, d'avoir gardé notre parler alors que nous étions entourés d'Anglais.

—Et vous représentez, aux yeux de vos compatriotes, cette fierté à rester vous-mêmes, à faire voir aux autres ce qu'est le Canada français d'aujourd'hui.

—Moi, j'ai toujours eu le goût de dire, et même, je

dois le reconnaître, de crier. Je veux dire qui je suis, qui il est, où nous sommes. J'ai le goût de dire: venez voir chez nous, il y a de la place, venez faire un tour, dites-nous si on n'a pas eu raison de faire notre pays de cette façon.

C'est à Québec que tout a commencé pour lui en 1956. Gilles Vigneault, qui le connaissait? Ses parents, ses amis de Natashquan, où l'on savait son plaisir des histoires, son amitié pour la poésie, pour les légendes; ses élèves à qui il enseignait l'anglais.

Puis la boîte à chansons. C'est ainsi qu'on appelle, là-bas, les cabarets où l'on chante, où l'on dit des poèmes. Gilles Vigneault devient célèbre. C'est le triomphe. Le Québec s'était trouvé une voix, cotonneuse comme sa neige, puissante comme son vent, forte comme son obstination.

Puis il écrit des vers merveilleux en forme d'hymne national: «Mon pays, ce n'est pas un pays, c'est l'hiver... Dans la grande cérémonie où la neige au vent se marie, dans ce pays de poudrerie, mon père a fait bâtir maison. Et je m'en vais être fidèle à sa manière, à son modèle... »

—Vous vous plaisez sur votre sol canadien, vous chantez vos lacs et vos forêts, vos amis du village.

—Mais oui, bien sûr, je ne m'en sens pas prisonnier du tout! C'est dans cet univers que je découvre le monde, tout ce qui existe, et c'est là que je veux rencontrer les autres. C'est l'histoire de l'homme, au fond. Il cherche à posséder sa terre, son sol, pour mieux le donner aux autres, pour mieux y retrouver les autres. Eh bien, je veux aller à la rencontre des autres. Je l'ai chanté dans ma chanson «Tous les humains sont de ma race, c'est pour toi, mon pays, que je veux posséder mes hivers... »

—Pourquoi la chanson, justement, vous qui avez fait du théâtre, avez édité deux recueils de poèmes, et les contes?

—La chanson, c'est un moyen vraiment moderne d'expression. On n'a plus le temps de lire et c'est sans doute dommage. Il faut s'adresser aux gens dans le temps dont ils disposent. La chanson répond à cette exigence nouvelle. Elle correspond à cette civilisation de la sensation vers laquelle nous nous dirigeons petit à petit. Elle sert à montrer des mondes. J'y suis à l'aise.

Dans ces étendues sans fin qui forment son pays, là où son père a bâti maison, ses chansons sont venues affirmer que tout un peuple vivait, espérait, construisait, existait.

François-Régis Barbry
Top-Réalités Jeunesse

gilles **vigneault**

13,14,15 & 16 JANVIER

JEU. ET VEN.
$2.50 À 5.50

SAM. ET DIM.
$3.00 À 6.00

Billets également en vente chez Sauvé Frères et aux comptoirs TRS.

PLACE DES ARTS

SALLE WILFRID-PELLETIER
MONTRÉAL 18 (QUÉBEC), TÉL.: 842-2112

Lac Louise. Dans les Rocheuses canadiennes.

Air Canada est une compagnie aérienne à la mesure de son pays.

Air Canada offre des tarifs spéciaux Apex et Bonne Aubaine avec les services d'une grande ligne régulière, vers Montréal et Toronto.

Avec Air Canada, vous comprendrez vite l'intérêt qu'il y a à fréquenter un grand de ce monde.

Contactez votre agent de voyages.

Fréquentez un grand de ce monde

AIR CANADA

24 boulevard des Capucines, 75009 Paris. Tél.: 320.14.15 - Lyon: 55 place de la République, 69002 Lyon. Tél.: (7) 842.43.17.

Questions sur le texte

Les Deux Combats de Pauline Julien

1. Quel acte courageux Pauline Julien a-t-elle accompli en 1964? Qu'est-ce que cela a démontré?

2. D'où viennent les chansons de Julien?

3. Quelle a été la réaction du Premier ministre du Québec envers la musique de Julien?

4. Quel est le deuxième combat de Pauline Julien?

5. Qu'est-ce que Julien essaie de dire aux femmes avec ses disques?

6. En quoi les Québécoises ressemblent-elles aux femmes du monde entier?

La Chanson qui vient du froid

7. Qui est Gilles Vigneault?

8. Selon Vigneault, quelle est la saison qui décrit le mieux le Québec? Pourquoi les chansons de Vigneault sont-elles des chansons qui «viennent du froid»?

9. Quelle était la réaction du père de Vigneault lorsqu'il a vu les immeubles de dix étages à Montréal? Pourquoi a-t-il eu cette réaction?

10. Les Québécois ont-ils toujours la nostalgie de la France? Expliquez votre réponse.

11. De quoi les Québécois sont-ils fiers?

12. Pourquoi les Québécois ont-ils dû lutter pour garder la langue française?

13. Vigneault se passionnait pour les histoires, la poésie et les légendes. Voyez-vous un rapport entre ces intérêts et le chanteur célèbre qu'il est devenu? Expliquez.

14. Quels sont les sujets de ses chansons?

15. Vigneault dit que c'est pour son pays «que je veux posséder mes hivers». Posséder dans quel sens?

16. Comment Gilles Vigneault est-il la voix de son pays? Pourquoi ses chansons sont-elles un «hymne national»?

A votre avis

1. On parle de la chanson qui vient du froid et du Québec comme un grand hiver. Quelle influence le froid, la neige et l'hiver doivent-ils avoir sur la vie quotidienne et sur les attitudes des Québécois?

2. Pensez-vous que la chanson soit un moyen vraiment moderne d'expression? Justifiez votre réponse en citant des exemples.

3. On a dit que les chansons de Pauline Julien avait plus fait pour la cause québécoise que tous les discours politiques. Qu'est-ce que les artistes, chanteurs, écrivains, peintres, cinéastes, etc., peuvent contribuer à une cause politique ou sociale? Quels artistes aux Etats-Unis pouvez-vous mettre dans cette catégorie?

4. Pauline Julien parle des étapes du féminisme. Aujourd'hui, pour les femmes, est-ce une période de révolte, de changement ou de soumission?

Utilisation du vocabulaire

1. Expliquez et faites des phrases pour illustrer la différence entre:

   a. les histoires et l'Histoire
   b. la France et la Nouvelle France
   c. un mot et la parole

d. une chanson et une chanteuse
e. l'indépendance et un(-e) indépendantiste
f. l'ami(-e) et l'amité

2. Trouvez dans le texte sur Vigneault des mots, des expressions et des images qui décrivent l'hiver au Québec. Ensuite, employez-en au moins huit pour écrire un petit paragraphe qui décrit soit l'hiver chez vous soit l'hiver en général.

Rôle à jouer

Vous êtes journaliste et vous devez interviewer Gilles Vigneault ou Pauline Julien. Essayez de les faire parler de leur carrière, du Québec, de leurs idées.

Discussion/composition

Depuis plusieurs années, un groupe important de Québécois veut que le Québec se sépare du reste du Canada et forme un pays indépendant. Pourquoi ce mouvement existe-t-il? Qu'en pensez-vous? Quel serait l'effet d'une séparation sur le Québec? Sur le Canada? Et sur les Etats-Unis?

Projet

Pauline Julien et Gilles Vigneault représentent la chanson québécoise. Mais le Québec a aussi un cinéma en pleine expansion. De nombreux acteurs et actrices du Québec sont connus aux Etats-Unis. Lesquels connaissez-vous? Choisissez une de ces vedettes de cinéma et présentez-la à la classe.

Vocabulaire

Les Deux Combats de Pauline Julien

alors même que at the very time when
discours *m.* speech
soumission *f.* submission

La Chanson qui vient du froid

s'animer to become animated
cotonneux, -euse cottony
dommage *m.:* **C'est dommage.** That's too bad.
éclater de rire to burst out laughing
fidèle loyal
fierté *f.* pride
hausser le ton to raise one's voice
hauteur *f.* height
jurer to swear
merveilleux, -euse marvelous
natal, -e native

parler *m.* way of speaking; speech
plaisanterie *f.* joke
poudrerie *f.* powdery snow *(figurative)*
puissant powerful
ravitailler to bring fresh provisions, supplies
recueil *m.* collection (of poems, etc.)
tour *m.:* **faire un tour** to take a trip
vers *m.* (lines of) verse

Chapitre 22

Montréal: La Ville nouvelle et la nouvelle vieille-ville

117 Saint-Jérôme

15

335

337

125 25

344 40 138
Trois-Rivières

132

640

Pont Legardeur

Terrebonne

Saint-François

344

Piste de course
Richelieu
Île
Sainte-Thérèse

N

0   5 km

Mirabel

C.P.

LAVAL
(Île Jésus)

Rivière-
des-Prairies

Pointe-
aux-Trembles

broadway

Montréal-Est

Sainte-Thérèse

C.P.

Sainte-Rose

Saint-Vincent-de-Paul

Montréal-Nord

Île de Boucherville

148

148

19

148

335

440

Mont Vachon

RIVIÈRE DES PRAIRIES

Saint-Eustache

C.N.

Laval-Ouest

RIVIÈRE DES MILLE ILES

Pont Viau

125

138

PARC
MAISONNEUVE

JARDIN
BOTANIQUE

Stade
olympique

Québec

20

640

13

Laval-sur-le-Lac

PARC
BELMONT

Ahuntsic

Bordeaux

15

Longueuil

344

Pont Louis-Bisson

Saraguay

117

116

Île Bizard

LAC DES DEUX MONTAGNES

Sainte-Geneviève

MONTRÉAL

PARC
MONT-ROYAL

Pierrefonds

Dorval

520

13

C.P.

15

Pont Champlain

Île
des Soeurs

PARC

Verdun

10

Sherbrooke

ANSE
À L'ORME

PARC

C.N.

Saint-Pierre

20

PARC
ANGRIGNON

134

Senneville

Beaconsfield

Pointe-Claire

Lachine

PARC
MONK

LaSalle

La Prairie

Ottawa

Pont de l'Île
aux Tourtes

40

Sainte-Anne-
de-Bellevue

Baie-d'Urfé

LAC
SAINT-LOUIS

Caughnawaga

FLEUVE

SAINT-LAURENT

Honoré-Mercier

132

20

Toronto

Île Perrot

Candiac

Pointe-
du-Moulin

N.-D.-de-
l'Île-Perrot

Châteauguay

132

138

Circuit 4
Circuit 5

338

207

209

15 États-Unis

217

Montréal: Ce qui a changé depuis la révolution tranquille

Le visiteur est d'abord frappé par la beauté de ses gratte-ciel. Montréal, ville moderne, incarne pour plusieurs le mélange du sens d'organisation américain et le charme français. Ville intelligente, Montréal, puisque là où l'hiver est si dur, on a construit un énorme réseau souterrain. Des kilomètres où se suivent boutiques, restaurants, cafés, librairies. Le tout relié à la gare des chemins de fer et aux stations de métro. Ville charmante aussi, ce Montréal dont les centaines de restaurants de première catégorie témoignent de l'importance accordée à la bonne chère. Ce n'est pas la deuxième ville française du monde pour rien!

Pourtant, depuis les années 60, années qui marquent le début de la révolution tranquille au Québec, quelque chose a changé à Montréal. Il y a vingt ans, la vie au travail, les achats dans les grands magasins du centre de la ville, les contacts professionnels et commerciaux se faisaient presque uniquement en anglais. Le français, la langue de 80 pour cent des trois millions d'habitants du grand Montréal, s'utilisait surtout à la maison, avec les amis.

Les francophones, souhaitant se trouver un emploi, devaient apprendre l'anglais. Les anglophones, en revanche, ne faisaient que très rarement l'effort de connaître l'autre langue de leur pays. En fait, ils se montraient plutôt méprisants envers ceux que l'on appelait à l'époque, les Canadiens français.

La situation s'est transformée. Il y a quelques années, le gouvernement de Québec a voté une loi faisant du français la langue officielle du Québec. Il s'agissait d'implanter le français comme langue de travail, langue d'études, langue de commerce.

Cette loi correspond à la prise de conscience des Québécois, à leur affirmation de leur identité. Aujourd'hui, Montréal conserve son aspect moderne, américain. Mais le visiteur remarquera que toutes les affiches publicitaires des magasins, restaurants et boutiques sont en français. A l'intérieur, il entendra généralement parler français, souvent par les Canadiens anglais eux-mêmes!

PROMENADE DANS LE VIEUX - MONTRÉAL

L'âme d'une ville se forme par l'association intime du passé et du présent. À côté des gratte-ciel, le passé de Montréal survit dans les monuments et les anciennes constructions qui datent des débuts de la colonie.

C'est en marchant dans les petites rues du Vieux-Montréal que l'on peut commencer à comprendre ce que représentent pour la ville trois siècles d'architecture et d'histoire.

Vers 1960, le public s'est intéressé à la restauration du vieux quartier. Aujourd'hui, le Vieux-Montréal est un centre artistique et touristique. On y trouve surtout des galeries d'art, des antiquaires, des restaurants et des résidences.

Marché Bonsecours - Vieux Montréal   G. Savoie

Le Marché Bonsecours, édifice d'apparence somptueuse, fut construit de 1845 à 1852 et servit d'hôtel de ville jusqu'en 1878. Ensuite, pendant 85 ans on s'en servit comme marché où les agriculteurs des villages voisins de Montréal venaient vendre leurs produits. En 1964, la ville a restauré l'immeuble et aujourd'hui des services municipaux y ont leurs bureaux.

Rue St-Amable, vue de la Place Jacques-Cartier – Montréal   G. Savoie

Place Jacques-Cartier fut autrefois le site de la résidence et des jardins du gouverneur de la Nouvelle-France. Puis, pendant 40 ans, ce fut un marché en plein air. Aujourd'hui la place a repris son ancienne apparence et est un lieu préféré des Montréalais.

Place Jacques-Cartier angle St-Paul – Vieux Montréal   G. Savoie

Les bâtiments de la place Jacques-Cartier furent construits au début du 19ᵉ siècle. L'Hôtel Nelson fut le centre d'une révolte en 1837.

LA FÊTE DE LA FIERTE

Le 24 juin, c'est la Saint-Jean-Baptiste, la fête nationale du Québec. On la fête depuis des siècles, mais comme la population québécoise elle-même, la Saint-Jean s'est modifiée au cours des dernières années.

Pendant longtemps, l'activité principale de la journée consistait en une énorme procession de chars allégoriques, de fanfares, de groupements patriotiques, religieux ou scolaires. Le dernier char de la procession portait un petit enfant tout bouclé, le petit Saint Jean Baptiste, et son agneau.

Il y a quinze ans, lors de la dernière représentation figurée du saint patron national, il s'agissait d'un Saint Jean adulte et sans mouton. Même s'il convenait davantage, par sa taille et sa force, à la représentation que les Québécois se font maintenant d'eux-mêmes, le symbole était déjà dépassé.

La Saint-Jean s'est vite transformée en fête à caractère politique et social plutôt que religieux. Pendant quelques années, d'énormes rassemblements, à Montréal et à Québec, réunissaient des centaines de milliers de personnes. Des vedettes de la chanson: Gilles Vigneault, Robert Charlebois, Pauline Julien et autres, offraient des spectacles enthousiastes à des foules délirantes.

Aujourd'hui, le Québec entre dans une période de réévaluation de son avenir. On fête toujours la Saint-Jean mais de façon différente. Dans chaque ville, les divers quartiers organisent des manifestations locales auxquelles les gens participent directement.

Quelle sera la fête de l'avenir? Il est difficile de le dire. Mais, sûrement, la Saint-Jean se fêtera avec fierté et dans la joie.

Questions sur le texte

Montréal: Ce qui a changé depuis la révolution tranquille

1. Comment la ville de Montréal est-elle une ville cosmopolite?

2. Comment se protège-t-on de l'hiver à Montréal?

3. Décrivez la situation linguistique à Montréal il y a 20 ans.

4. Quelle est la langue officielle du Québec aujourd'hui? Comment est-ce que cela est arrivé?

5. A quoi la nouvelle loi correspond-elle? Quelles preuves voit-on de son succès?

Promenade dans le Vieux-Montréal

6. Où peut-on commencer à comprendre le Vieux-Montréal? Pourquoi?

7. Que trouve-t-on aujourd'hui dans le Vieux-Montréal?

8. A quoi servait le Marché Bonsecours?

9. Comment la place Jacques-Cartier a-t-elle changé de fonction au cours des années?

La Fête de la fierté

10. Pourquoi fête-t-on la Saint-Jean-Baptiste au Québec?

11. Quelles activités étaient associées à la fête dans le passé?

12. Comment fête-t-on aujourd'hui la Saint-Jean? Pourquoi ce changement?

A votre avis

1. Croyez-vous que ce soit une bonne chose d'avoir fait du français la seule langue officielle du Québec? Pourquoi ou pourquoi pas?

2. Le 24 juin est devenue une grande fête populaire au Québec. Quelles sont les fêtes populaires les plus importantes aux Etats-Unis? Comment les fêtez-vous?

3. Comment la restauration de la vieille ville peut-elle contribuer à rendre la ville plus vivable?

4. Avez-vous déjà visité Montréal ou le Québec? Si oui, décrivez votre voyage—ce que vous avez fait et ce que vous avez vu. Si non, est-ce que vous aimeriez y aller? Pourquoi ou pourquoi pas?

Utilisation du vocabulaire

Vous savez qu'il y a une langue américaine qui est un peu différente de l'anglais de l'Angleterre. Il y a aussi une langue québécoise qui a ses propres expressions et qui est un peu différente du français parlé en France. Voici quelques expressions québécoises. Essayez de trouver leur équivalent français:

1. ___ magasiner
2. ___ dépanneur
3. ___ la fin de semaine
4. ___ les patates
5. ___ la galerie
6. ___ dispendieux
7. ___ une tabagie

a. un air populaire
b. les pommes de terre
c. le balcon de la maison
d. qui coûte cher
e. le marchand de tabac
f. faire les achats
g. le week-end
h. mini-marché

Rôle à jouer

Avec deux camarades de classe, imaginez une conversation entre un(-e) anglophone qui résiste à la loi faisant du français la langue officielle du Québec et deux francophones qui sont pour cette loi. Les francophones parlent de l'importance d'implanter le français comme langue de travail, d'études et de commerce. L'anglophone parle de la difficulté d'apprendre une nouvelle langue.

Discussion/ composition

Est-ce que tout le monde devrait apprendre une deuxième langue à l'école? Quels en sont les avantages? Les inconvénients? A part l'anglais, quelle langue serait la plus utile aux Etats-Unis? Et dans les affaires internationales? Pourquoi la plupart des Américains ne parlent-ils que l'anglais? Quelles en sont les conséquences? Que peut-on faire pour encourager les Américains à étudier des langues étrangères?

Projet

Préparez une visite du Vieux-Montréal. En utilisant des photos, des cartes ou d'autres illustrations, faire découvrir cette vieille ville à votre classe.

Vocabulaire

Montréal: Ce qui a changé depuis la révolution tranquille

bonne chère *f.* good living
gratte-ciel *m.* skyscraper
incarner to embody
librairie *f.* bookstore

souterrain, -e subterranean,
    underground
témoigner de to prove, show,
    bear witness to

Promenade dans le Vieux-Montréal

air *m.:* **en plein air** (in the)
    open air
antiquaire *m.* antique dealer

La Fête de la fierté

agneau *m.* lamb
bouclé, -e curly(-haired)
char *m.* wagon, float (in a
    parade)
délirant, -e delirious, light-
    hearted

fanfare *f.* brass band
figuré, -e decorated
rassemblement *m.* crowd,
    gathering
taille *f.* size, stature, height

Chapitre 23

A la recherche des racines françaises en Acadie et en Louisiane

Le défilé du Carnaval de la Nouvelle-Orléans

Warning Signs
Signaux d'avertissement

Stop ahead
Arrêt en avant

Slippery when wet
Chaussée glissante

Yield ahead
Cédez en avant

Bump ahead
Cahot en avant

Divided highway begins
Début de la voie divisée

School Bus Turning
Virage d'autobus scolaire

Divided highway ends
Fin de la voie divisée

Pavement ends
Fin de la chaussée

Two way traffic ahead
Circulation dans les deux sens en avant

Railroad Crossing
Passage à niveau

Right lane ends
Fin de la voie de droite

Advisory speed on curve
Vitesse conseillée dans la courbe

Narrow structure
Pont étroit

Slow moving vehicle
Véhicule à marche lente

Structure Clearance
Hauteur libre

Ramp Speed
Vitesse de la voie d'accès

Bridge Freezes
Le pont se glace avant la route

Exit speed
Vitesse de sortie

Pas Canadiens, pas Québécois, mais qui sont les Acadiens?

Entourés de l'Amérique anglophone, deux régions, l'une au Canada, l'autre aux Etats-Unis, tentent de raviver leurs racines françaises. En Acadie et en Louisiane, on lutte pour la survie du français—de sa langue et de son identité.

Ils habitent aujourd'hui le Nouveau-Brunswick, certains la Nouvelle-Ecosse, d'autres l'île du Prince-Edouard—trois des provinces maritimes du Canada, provinces dont on n'entend pas très souvent parler.

Ils sont quelques centaines de milliers de francophones à affirmer leur langue, leur culture et leur identité. Ce n'est pas facile dans une région isolée à proximité de la frontière américaine, où tout se fait en anglais. Mais les Acadiens ont l'habitude de lutter et de surmonter les difficultés. Leur histoire le prouve.

Quand, en 1755, les Anglais ont voulu les obliger à prêter serment de fidélité à l'Angleterre contre leurs frères français, ils ont refusé. Alors les Anglais procédèrent à une des actions les plus ignobles de leur conquête du Nouveau Monde.

Durant onze ans, ils forcèrent plus de huit mille personnes à quitter leur pays. On démembra les familles qui cherchèrent asile le long de la côte est des Etats-Unis. Plusieurs Acadiens trouvèrent éventuellement refuge en Louisiane, où ils s'assimilèrent aux populations française, espagnole et créole. Ce fait explique la présence des Cajuns dans cette région. A cette tragédie, on donna ironiquement le nom modeste de «Grand Dérangement».

Graduellement, la politique anglaise allait se libéraliser. En 1764, on donnait la permission aux Acadiens de revenir au pays, mais ils étaient obligés de s'installer par petits groupes et de s'intégrer à la population anglaise.

En réaction contre le conquérant

En dépit de cette politique et de tous les autres facteurs visant à anéantir la présence acadienne, les Acadiens ont réussi à survivre et en grande partie à cause de l'hostilité des Anglais à leur égard. Et par défi! Ainsi ont-ils recréé au fil des années des institutions bien à eux: églises, hôpitaux, écoles, coopératives de pêches et autres.

Aujourd'hui, ils disposent d'un plus vaste réseau d'institutions de langue française que par le passé. Mais, l'urbanisation a mis un terme à l'isolement des derniers siècles. Et dans les villes, la langue du commerce, celle des médias d'information, celle de la technologie est l'anglais.

Il ne peut pas être question de chercher à recréer l'isolement du passé. Et peu veulent s'associer au Parti acadien, parti indépendantiste qui ferait de l'Acadie un territoire séparé du Canada.

Pourtant les siècles de tragédie pèsent lourd et il est difficile pour bon nombre d'Acadiens de s'associer aux efforts des gouvernements provinciaux et fédéraux, gouvernements à majorité anglophone.

De là l'importance de travailler avec la communauté francophone mondiale, et en particulier avec le Québec. Dans une confédération canadienne de laquelle le Québec serait absent, la voix de l'Acadie risque d'être encore une fois bâillonnée par les Anglais.

Journal Français d'Amérique

En Acadie avec Antonine Maillet

A l'occasion d'un Goncourt manqué de justesse, à cinq voix contre cinq, les Français ont découvert une petite personne à l'accent rocailleux qui mériterait le titre d'ambassadrice d'Acadie, si l'Acadie était un état. Antonine Maillet a su «vendre» sa terre d'origine avec une conviction si persuasive qu'elle en aurait presque vaincu notre célèbre ignorance de la géographie. Dans *Pélagie-la-Charette,* Antonine raconte superbement l'exode et l'épopée de ces «boat people» du dix-huitième siècle, nos cousins d'Amérique oubliés depuis trois cents ans.

Mais on risque de mal comprendre le phénomène Antonine Maillet si l'on ne connaît pas le succès national de *La Sagouine,* dont l'édition française est passée un peu inaperçue. Quand vous débarquez dans le village natal d'Antonine Maillet, un bourg de 4.000 âmes qui s'étire sur la dune, face à l'île du Prince-Edouard, c'est une pancarte haute comme trois maisons qui vous accueille: «Bienvenue à Bouctouche, le pays de la Sagouine.» Bouctouche évoquerait plutôt un décor de western auquel il ne manquerait plus que le saloon et la prison du shérif.

Antonine revient chaque été au pays, dans le petit phare de bois qu'elle s'est fait bâtir, à la lisière de la plage. Elle est blonde, menue, mais solide, bien plantée sur sa dune. L'œil est bleu vif, le regard droit, décidé, un rien sec parfois, et le teint rose. En Acadie, on voit tout de suite en elle la lignée dont elle descend, marins, bûcherons, pêcheurs, et ces femmes rudes, à qui vingt enfants ne faisaient pas peur pour perpétuer la race. Les Acadiens peuvent vous dérouler leur généalogie complète: elle, par exemple, elle est Antonine Léonide à Thadée à Olivier à Charles à Charles à Jacques, jusqu'à cet Antoine Maillet, «gaigne-denier» sous Louis XIV, qui préféra le Nouveau Monde au Paris de sa naissance. Elle remonte aussi facilement la branche maternelle, qui la mène, de Pierre à Pierre à Pierre, à un certain Robert Cormier, charpentier de son état, parti de La Rochelle vers les 1640. Et quand elle vous dit qu'elle a «tous ses quartiers français» (en faisant bien sonner les *r*), pas l'ombre de vanité: ces racines sont les certitudes nécessaires d'un peuple trop longtemps sacrifié, ballotté, humilié.

D'après un article de Matthieu Galey
L'Express

Antonine Maillet, écrivain acadien et gagnante du Prix Goncourt, 1979, devant sa maison

Post-scriptum — En 1979, Antonine Maillet, au deuxième tour de scrutin, a reçu le Prix Goncourt pour son roman *Pélagie-la-Charette* — prix littéraire accordé au meilleur roman français de l'année.

La Louisiane, le premier état bilingue

«Bonjour, comment allez-vous?» demande le lieu-tenant-gouverneur de la Louisiane, M. James Fitz-morris. M. Fitzmorris ne parle pas français, mais en bon homme politique, il sait quelques mots de circon-stance. Car, officiellement, la Louisiane est un état bilingue, français-anglais.

Si on avait une tendance à oublier l'héritage français de la Louisiane, on n'aurait qu'à penser au nom de ses villes: la Nouvelle-Orléans, Bâton Rouge, Ville Platte. Sur une population totale de cinq millions de Louisi-anais, on compte 1.300.000 Acadiens ou Cajuns.

Ils s'appellent Ardoin, Leblanc, Menard. Et ils parlent encore français. «On le parle, mais on ne sait plus l'écrire, explique l'un d'eux. Que voulez-vous, on n'a pas été instruit en français.»

Depuis quelques années, le gouvernement de la Louisiane a élaboré une politique dont le but est non seulement d'empêcher l'érosion totale du français mais aussi de faire revivre cette langue. Le Conseil de dé-veloppement du français en Louisiane (CODOFIL) organise de nombreux échanges de professeurs et d'étudiants avec le Québec et la France en vue de créer des programmes spéciaux d'enseignement.

Mais il faut plus qu'une décision officielle pour réus-sir une telle entreprise. Plusieurs croient qu'il est déjà trop tard pour limiter l'américanisation totale des Cajuns. Les jeunes surtout semblent plus anxieux de se tailler une place dans le grand ensemble américain que de ressusciter leur héritage français.

Les prochaines années décideront si ce renouveau a la force de s'affirmer ou si le français en Louisiane deviendra un phénomène historique et folklorique.

Journal Français d'Amérique

Pas Canadiens, pas Québécois...

1. Où est l'Acadie?

2. Pourquoi les Acadiens ont-ils du mal à préserver leur langue?

3. A quoi a-t-on donné le nom de «Grand Dérangement»?

4. Qu'ont fait les Acadiens après leur retour dans leur pays?

5. Quelle est la situation actuelle de l'Acadie?

En Acadie avec Antonine Maillet

6. Comment les Français ont-ils découvert Antonine Maillet?

7. Quel titre les Français lui donneraient-ils?

8. Qu'est-ce que Maillet raconte dans son dernier livre, *Pélagie-la-Charette*? Expliquez le terme «boat people» dans ce contexte.

9. Décrivez la maison que Maillet s'est fait construire.

10. Faites le portrait de Maillet.

11. Quelle est la lignée dont descend Maillet? Que faisait son ancêtre sous Louis XIV?

La Louisiane, le premier état bilingue

12. Monsieur Fitzmorris parle-t-il français? Quand s'en sert-il?

13. Que reste-t-il de l'héritage français en Louisiane?

14. Pourquoi les Cajuns ne savent-ils pas la langue écrite?

15. Pourquoi le CODOFIL a-t-il été fondé?

16. Quelle est la position des jeunes Cajuns en Louisiane?

A votre avis

1. Dans l'article sur la Louisiane, on parle de «l'américanisation totale des Cajuns». Que signifie pour vous le terme *américanisation*? Quelles sont, selon vous, les caractéristiques principales des gens des Etats-Unis?

2. Est-ce que ce sera très difficile de faire revivre le français en Louisiane? Pourquoi ou pourquoi pas? Y a-t-il d'autres états ou des villes aux Etats-Unis qui font face au problème bilingue?

3. Si vous étiez Cajun(e), voudriez-vous vous identifier avec la communauté française ou américaine? Pourquoi?

4. En quoi les problèmes des Acadiens du Canada diffèrent-ils de ceux des Cajuns de la Louisiane? Les Acadiens pourront-ils garder leur langue et leur identité plus facilement que les Cajuns? Expliquez.

U tilisation du vocabulaire

1. L'expression *Grand Dérangement* qui décrit la tragédie des Acadiens est ironique parce que généralement le mot *déranger* a un sens plus léger. Dans les phrases suivantes, étudiez l'usage du verbe *déranger* et expliquez ce qu'il veut dire:

   a. Restez assis—je ne veux pas vous **déranger**.
   b. Il **s'est dérangé** pour venir nous saluer.
   c. Qui **a dérangé** les livres que j'avais laissés sur la table?

2. Trouvez dans les textes des synonymes des mots suivants et faites des phrases pour illustrer leur sens:

   a. obliger à
   b. s'assimiler
   c. le village
   d. la lisière
   e. faire revivre (deux exemples)

Rôle à jouer

M. Paul Ardoin de la Louisiane parle encore français, mais ses enfants ne le parlent plus. Il voudrait que ceux-ci l'apprennent, mais les enfants ne voient pas l'utilité de cette langue aux Etats-Unis. Avec deux ou trois camarades de classe, imaginez la conversation entre M. Ardoin et ses enfants.

Discussion/composition

A travers les derniers chapitres sur le monde francophone, on discerne l'émergence d'une forte fierté culturelle. Comment expliquez-vous ce phénomène en Afrique, au Caraïbe et en Amérique du Nord? Devrait-on prendre de tels mouvements au sérieux? Quels en sont les avantages et les désavantages? Quel est l'avenir de ces mouvements?

Projet

Sur une carte de votre région—ou sur une carte de la Nouvelle-Angleterre, de la Louisiane ou du Midwest—indiquez toutes les villes, tous les lacs et les fleuves, etc., avec des noms d'origine française. Présentez votre carte à la classe et expliquez la source des noms en mentionnant les explorateurs et les colonisateurs français.

Vocabulaire

Pas Canadiens, pas Québécois...

anéantir to annihilate, destroy
asile *m.* refuge
bâillonner to gag, muzzle
conquête *f.* conquest
démembrer to divide up; to dismember
dépit *m.:* **en dépit de** in spite of
disposer de to have (something) at one's disposal
égard *m.:* **à leur égard** with regard to them; toward them
s'intégrer to integrate oneself

isolé, -e isolated
mettre un terme à to put an end, a stop to (something)
Nouvelle Ecosse *f.* Nova Scotia
prêter serment to take an oath
racine *f.* root
raviver to revive
surmonter to surmount, overcome
survie *f.* survival
viser to aim

En Acadie avec Antonine Maillet

accueillir to welcome
ballotter to toss about
bleu vif bright blue
bourg *m.* small market town
bûcheron *m.* lumberjack
charpentier *m.* carpenter
débarquer to land, arrive
dérouler to unroll; to unfold
épopée *f.* epic (poem)
exode *m.* exodus
gaigne-denier *m.* menial wage earner
justesse *f.* soundness
lignée *f.* (line of) descendants

lisière *f.* edge
mener to lead
menu, -e slim, slender, tiny
pancarte *f.* billboard, sign
phare *m.* lighthouse
Prix Goncourt *m.* literary prize for best French-language novel of the year
rien *m.* trifle, just a little
rocailleux, -euse gravelly
rude rugged
sagouine *f.* raggedy old woman
vaincre to defeat (*pp.* **vaincu**)

La Louisiane, le premier état bilingue

s'affirmer to assert oneself
but *m.* goal
échange *m.* exchange
instruit, -e instructed, educated
mots de circonstance *m. pl.* words suited to the occasion
renouveau *m.* renewal
ressusciter to resuscitate, revive

se tailler une place to cut out a place for oneself
tendance *f.:* **avoir une tendance** to have a tendency
vue *f.:* **en vue de** with a view to

LEXIQUE

abattre to cut down, fell
abondamment abundantly
aboutir à to culminate in
abrutir to brutalize, stupefy
absolument absolutely
accablé, -e overwhelmed, crushed
accéder à to attain
s'acclimater à to adjust to, acclimatize
s'en accommoder to put up with, adjust to
s'accorder to agree
accueillir to welcome
s'accumuler to be gathered, accumulated
acheteur, -euse m., f. buyer
acquéreur m. buyer
acquérir to acquire (p.p. acquis)
actionner to activate
actuel, -elle current
s'adresser à to apply to, ask
affamé, -e m., f. famished person
affiche f. poster
s'affirmer to assert oneself
afflux m. rush; stream
afin de in order to
à force de as a result of
s'agir de to be a question of
agité, -e agitated
agneau m. lamb
agonie f. (death) agony
agraire agrarian
agriculteur m. farmer
aide-enseignant m., f. teacher's aide
ailleurs elsewhere
    d'ailleurs furthermore, besides
aîné, -e elder, eldest
air m.: en plein air (in the) open air
aise f.: à l'aise comfortable
alémanique German-speaking
aliment m. food
alimentaire dietary
    une bonne hygiène alimentaire a good
        diet
alimentation f. food
    alimentation équilibrée balanced diet
    magasin d'alimentation grocery store

alors même que at the very time when
alternance f. alternation
ambiance f. atmosphere
âme f. soul
améliorer to improve
aménager to arrange; to furnish
amende f. fine
amical, -e friendly
amitié f. friendship
an m.: bon an, mal an taking one year with
    another
ancêtre m. ancestor
anéantir to annihilate, destroy
animateur, -trice m., f. promoter
s'animer to become animated
animiste animistic (believing that inanimate
    objects have souls)
antillais, -e of or from the Antilles (islands)
antiquaire m., f. antique dealer
antiquités f. pl. antiques
apaiser to calm
s'apercevoir to notice, realize
appartenir à to belong to
appliquer to apply
s'appliquer à to apply to
approfondi, -e advanced, in-depth
appuyé, -e stressed
appuyer to support
arachide f. peanut
argenté, -e silvery
se l'arracher to snatch something up (for
    oneself)
arraisonner to officially stop and examine a
    ship
arrière-petits-enfants m. pl. great-
    grandchildren
arrondissement m. administrative district in
    Paris
as m.: la facture passe à l'as the bill
    vanishes
ascenseur m. elevator
asile m. refuge
assaut m. assault, attack
assister à to witness, see

associé, -e *m., f.* partner
assortiment *m.* assortment
assôtor *m.* drum used in voodoo rituals
s'assumer to accept oneself as one is
assurance *f.* insurance (company)
atelier *m.* workshop, studio
atout *m.* advantage; trump
à travers throughout
atteindre to attain
attirer to attract
attribution des prix *f.* awarding of prizes
au-delà beyond
auditeur, -trice *m., f.* listener, audience
augmenter to increase
au pair work in exchange for room and board
auparavant before
aurore *f.* dawn
aussitôt immediately, at once
autant pour for all that, even so
autocollant *m.* sticker
autodidacte self-taught, self-educated
automobiliste *m., f.* motorist
autoroute *f.* highway
avaler to swallow
avancer to put forward (a proposal)
avenir *m.* future
aventure *f.* adventure
avoir l'habitude de to be accustomed to
avoir lieu to take place
avoir trait à to refer to (something)
avouer to acknowledge, admit

bâillonner to gag, muzzle
balancer par-dessus bord to throw overboard
balayer to sweep
balcon filant *m.* balcony running the entire length of an apartment, sun deck
ballon *m.* (soccer) ball
ballotter to toss about
banalité *f.* banality, triteness
bande dessinée *f.* comic strip
banlieue *f.* suburb(s)
banque *f.:* **faire sauter la banque** to break the bank
bâtiment *m.* building
bâtir to build
bâtisse *f.* enormous building (often rather ugly)

battement *m.* beating (of a drum)
Béké *m.* white inhabitant of Martinique *(slang)*
belge Belgian
bénéficier to profit by
bénin, -igne mild
berline *f.* sedan
béton *m.* concrete, cement
bicoque *f.* shanty
bidon *m.* storage drum
bien de consommation *m.* consumer good
bijou *m.* jewel
bilan *m.* balance sheet
bilingue bilingual
biogaz *m.* biogas (gas derived from organic matter)
blanchissement *m.* bleaching, whitening
bleu vif bright blue
boîte à chansons *f.* cabaret
boîte de nuit *f.* nightclub
bonne chère *f.* good living
bouclé, -e curly, curly-haired
boucler les fins de mois to make ends meet at the end of the month
bouger to move, be active
bouleversement *m.* overthrow, upheaval
bourg *m.* small market town
braquer to aim, point at
break *m.* station wagon
bribes *f. pl.* fragments, scraps; odds and ends
bricoleur *m.* handyman
briser to break
broderie *f.* embroidery work
bronze-cul de l'Europe *m.* Europe's beach paradise *(slang)*
bûcheron *m.* lumberjack
but *m.* goal

cadre *m.* frame, framework
  cadre supérieur top executive
calendrier *m.* calendar
camelot *m.* newspaper vendor, street peddler
campagnard, -e du dimanche *m., f.* weekend farmer
canne à sucre *f.* sugarcane
canton *m.* district, canton (in Switzerland)
capté, -e captivated

capter to catch; to recover

car for, because

cargaison *f.* cargo

carré, -e square

    mètre carré square meter (m²)

carrefour *m.* intersection, crossroads

carte *f.* card

    carte de séjour alien registration card

    carte de travail work permit

cas *m.* case

casanier, -ière stay-at-home, home-loving

casque d'or *m.* head of golden hair

casse-tête *m.* chore

causer to chat

céder to sell, yield

célèbre famous

célibataire *m., f.* bachelor, single person

centenaire *m.* centenniel

centrale *f.* power plant

cependant however

cérémonie funèbre *f.* funeral

certes indeed

cesser to stop

chagrin *m.* grief, sorrow

char *m.* wagon; float (in a parade)

charbon *m.* coal

charge *f.* expense

charpentier *m.* carpenter

chef de file *m.* leader

chère *f.:* **bonne chère** good living, good food

choix *m.* choice

chômage *m.* unemployment

chômeur *m.* unemployed person

choquer to shock

chrétien, -enne Christian

cinéaste *m.* movie producer

cinéma *m.* film, movie

    cinéma vérité documentary film

citadelle *f.* fortress

citadin, -e *m., f.* city dweller, urbanite

citoyen, -enne *m., f.* citizen

classement *m.* rank, rating

classeur *m.* files

climatisation *f.* air conditioning

collectivité *f.* community

coloré, -e colorful; colored

comédien, -enne *m., f.* actor, (actress)

commerce *m.:* **de commerce** commercial

communauté *f.* community

commune *f.* town

complexer to give one a complex

comportement *m.* behavior

compris: y compris including

concevoir to conceive, imagine

concitoyen, -enne *m., f.* fellow citizen

concours *m.* contest

concurrence *f.* competition

se conduire to behave

conduite *f.* driving; conduct

conférence *f.* lecture

confier to entrust

confitures *f. pl.* preserves, jam

confondre to confuse

conquête *f.* conquest

se consacrer à to devote oneself to

conscient, -e conscious

conseiller à fond to advise thoroughly

conserve *f.* canned food

consommation *f.* taking, consumption

    biens de consommation consumer goods

constamment constantly

constater to ascertain (a fact)

conte *m.* story

se contenter (de) to be content (with)

contestataire controversial

contestation *f.* opposition

contrat reprise *m.* repossession contract

contravention *f.* traffic ticket, minor offense

convenir (à) to be suitable (to)

coque *f.* hull

cotonneux, -euse cottony

côtoyer to be side by side

coucher de soleil *m.* sunset

coup d'éclat *m.* stroke of genius

coup de foudre *m.* love at first sight

coup d'œil *m.* glance

courant électrique *m.* electrical current

cours *m.:* **au cours de** during

course *f.* race; errand

    faire des courses to run errands, go shopping

couteux, -euse expensive, costly

coutume *f.* custom

craindre to fear

crèche *f.* day nursery

créer to create

crêperie *f.* pancake house

crise *f.* crisis
cruauté *f.* cruelty
cuisiner to cook

dada *m.* hobby
davantage more
débarquer to land, arrive
se débattre to struggle
déboucher sur to give way to; to result in
débuter to begin
décevoir to disappoint
déchet *m.* scraps
découverte *f.* discovery
découvrir to discover
décrire to describe
décroître to decrease
dédier to dedicate
défaite *f.* failure, defeat
défatiguer to provide a rest
défi *m.* challenge
   par défi in defiance
défunt *m.* deceased person
dégagement *m.* hallway
délasser to provide a change
délimité, -e demarcated
délirant, -e delirious, lighthearted
demande *f.* request
démembrer to divide up; to dismember
démissionner to resign
demoiselle *f.* dragonfly; young woman
démoli, -e demolished, wrecked
denier *m.* coin
   gaigne-denier menial wage earner
dépanner to pull someone out of difficulties
dépassé, -e out-of-date
dépasser to go beyond
dépaysement *m.* agreeable change of
   scenery
dépense *f.* expense
dépit *m.:* en dépit de in spite of
dépliant *m.* brochure, leaflet
dépouillé, -e de devoid of
dépourvu, -e devoid
dérouler to unroll; to unfold
se dérouler to take place
désespéré, -e desperate
dès lors from then on
désormais henceforth, from now on
dès que as soon as, when

détaché, -e separate, individual
détruire to destroy
devise *f.* motto
diffusé, -e broadcast
diffuser to broadcast
   se diffuser to become widespread
dignité *f.* rank
discours *m.* speech
disparaître to disappear
disparition *f.* disappearance
disponible available
disposer de to have (something) at one's
   disposal
dissimuler to conceal
se distinguer to stand out
domestiquer to harness (energy)
dommage *m.:* C'est dommage. That's too
   bad.
dossier *m.* file
douceur *f.* pleasantness, mildness
doué, -e gifted, talented
se dresser to rise
drogue *f.* drug, drugs
droit *m.* law
   faire du droit to practice law
durée *f.* duration

échange *m.* exchange
échanger... contre... to exchange . . . for . . .
échapper to escape
échec *m.* failure
s'éclairer to light (by electricity)
éclater de rire to burst out laughing
économisé, -e saved, economized
écriture *f.* writing
édifié, -e constructed, erected
effectué, -e accomplished
effet *m.:* en effet as a matter of fact, indeed
efficace effective
effréné, -e unrestrained
égal, -e equal
égard *m.:* à leur égard with regard to them;
   toward them
égout *m.* sewer; drain
s'égrener to present (one thing after another)
élaborer to prepare, make up
électrophone *m.* record player
élu *m.* elected official
embarras *m.* difficulty, trouble

embouteillage *m.* bottleneck, traffic jam
émission *f.* broadcast, telecast
emploi *m.* employment
    statistiques de l'emploi labor statistics
emporter: l'emporter sur to prevail over
en-cas *m.* snack
s'enfler to swell
s'engager to enter; to undertake
engrenage *m.* involvement
ennui *m.* boredom
ennuyer to bore
en outre in addition to, besides
enquête *f.* survey; investigation
enraciné, -e rooted
enregistrer to record
en revanche on the other hand
enseignement *m.* education; instruction
enseigner to teach
ensemble *m.* whole, entirety
s'entasser to be crammed, packed, crowded
entichement *m.* infatuation
entier, -ière entire
entonnoir *m.* funnel
entraînement *m.* training
entreprendre to undertake (to do something)
entretenir to maintain
entretien *m.* maintenance, upkeep
entrevoir to catch a glimpse of
envahir to invade
en vue de with a view to
épanouissement *m.* blossoming, flowering
épargner to spare, save
épauler to help; to back up
épice *f.* spice
épopée *f.* epic (poem)
époque *f.* era, period
    d'époque authentic (of antiques)
épreuve *f.* test
    épreuve sportive sporting, athletic event
éprouver to experience, feel
s'équilibrer to be balanced
équipe *f.* team
escalader to climb, scale
esclave *m.* slave
espace *m.* space
espérance *f.* hope
espionnage *m.* spying, espionage
    roman d'espionnage spy novel
espoir *m.* hope

essai *m.* attempt
essuyer to suffer, endure
esthéticien, -enne *m., f.* beautician
s'estimer to think oneself, consider oneself
estomac *m.* stomach
établissement *m.* establishment
étape *f.* stage
étendue *f.* expanse, extent
étiré, -e stretched
étouffer to suffocate, stifle; to stamp out
étranger: à l'étranger abroad
étranger, -ère foreign
être à la hauteur to be up to the mark
être aux prises avec to be at grips with
être plus à même de to be better able to
s'évader to get away from it all
éveiller to awaken
événement *m.* event
éventré, -e torn open, ripped apart
évidemment obviously
évoluer to evolve
exercer to pursue, practice
exigence *f.* demand
exode *m.* exodus
exotisme *m.* exoticism
expérience *f.* experiment
exprimer to express
exquis, -e exquisite
extraire to extract

fabrication *f.* manufacturing
fabriquer to manufacture
face à facing
facture *f.* bill
faculté *f.* university, school
faire to do; to make
    faire appel à to call upon
    faire des achats to shop
    faire des commandes to place orders
    faire des courses to run errands, go shopping
    faire du droit to practice law
    faire face à to face, cope with
    faire partie de to be part of, belong to
    faire sauter la banque to break the bank
    faire sien to appropriate; to espouse (as a cause)
    faire un tour to take a trip

fait *m.* fact, deed
   en fait as a matter of fact
fanfare *f.* brass band
ferme firm
fermement firmly
fermette *f.* small farm, country home
feuilleter to browse, leaf through
feuilleton *m.* series; situation comedy
fidèle loyal
fier, -ière proud
fierté *f.* pride
figuration *f.* representation
figuré, -e decorated
file *f.* line (of people)
   chef de file leader, head
financier, -ière financial
finir: en finir de to be at an end of (an action)
fisc *m.* Internal Revenue Service
fixé, -e focused
flamme *f.* flame
fléau *m.* plague, scourge
fleuve *m.* river
foi *f.* faith
fois *f.* time
   à la fois both; at the same time
fonction *f.:* **en fonction de** in terms of
fonctionnaire *m., f.* civil-service employee
fonder to found, start
force *f.* force
   à force de by means of; as a result of
fossette *f.* dimple
foudroyant, -e overwhelming; of lightning speed
foule *f.* crowd
four *m.* furnace; oven
fournir to supply
foyer *m.* home, hearth
franchement frankly, openly
franchi, -e crossed, taken
freiner to check, restrain
fréquemment frequently
frime *f.* make-believe
friture *f.* fried food
fuir to flee
fumier *m.* manure, dung

gaigne-denier *m.* menial wage earner
galère *f.* slave galley
garde-côte *m.* Coast Guard vessel

GASPI *m., f.* guzzler, squanderer (*abbrev. of* **gaspilleur**)
gâté, -e spoiled, pampered
gaulois, -e Gallic, French
gémeaux *m. pl.* Gemini (Zodiac sign)
génie *m.* genius
   coup de génie stroke of genius
gérer to administer, manage
geste *m.* motion, gesture
gîte *m.* dwelling; resting place
glaïeul *m.* gladiolus
gloire *f.* glory
gosse *m., f.* kid, youngster (*slang*)
gourmand, -e *m., f.* glutton
goût *m.* taste
grâce à thanks to
grand cordon *m.* highest decoration
grande surface *f.* large shopping center
gratte-ciel *m.* skyscraper
gratuitement free of charge
se greffer to be grafted
grésiller to sizzle
grève *f.* strike
grossiste *m.* wholesaler
guère: il n'y a plus guère there is (are) hardly any more

habileté *f.* skill
habitude *f.* habit
   avoir l'habitude de to be accustomed to
hausser le ton to raise one's voice
hauteur *f.* height
   être à la hauteur to be up to the mark
haut-parleur *m.* loudspeaker
hebdomadaire *m.* weekly publication
hectare *m.* hectare (2.47 acres)
héliotrope *m.* heliotrope (flower that turns toward the sun)
héritier, -ière *m., f.* heir, heiress
homard *m.* lobster
honneur *m.* honor
   vin d'honneur reception where wine is served
hors-taxes tax-exempt
hypermarché *m.* very large shopping center

ignorer to be ignorant of, unaware of
immeuble *m.* apartment building
immuable unalterable, immutable

s'imposer to be recognized
impôt *m.* tax
imprégner de to impregnate, imbue with
impressionnant, -e impressive
imprévu, -e unforeseen
imprimé, -e printed
imprimerie *f.* printing
inaperçu, -e unseen, unnoticed
incarner to embody
incendie *m.* fire
incitation *f.* incitement
inconnu, -e *m., f.* unknown person
inculper to indict, charge
incurvé, -e curving
indéfinissable indefinable
indicateur *m.* informant, stool pigeon
indigène native
indissociable inseparable
industriel *m.* industrialist, factory owner
inépuisable inexhaustible
informations *f. pl.* news
inhabituel, -elle uncommon, unusual
inscrire to register
insensible indifferent, insensitive
instance *f.* authority
instituteur, -trice *m., f.* elementary
    schoolteacher
instruit, -e instructed, educated
intégrant, -e integral
s'intégrer to integrate oneself
interroger au sujet de to ask questions about
intimité *f.* intimacy
inutile useless
inverse opposite
invité, -e de marque *m., f.* distinguished
    guest
isolé, -e isolated

jardinier, -ière *m., f.* gardener
joie *f.* joy
jouir de to enjoy
joyeux, -euse joyous, merry
jurer to swear
justesse *f.* soundness

lancer to launch
langue *f.* language
    langue véhiculaire language for
        communication

lassé, -e tired
lave-vaisselle *m.* dishwasher
lecteur, -trice *m., f.* reader
lecture *f.* reading
levain *m.* yeast
librairie *f.* bookstore
lié, -e attached
lier to tie, fasten
lieu *m.:* avoir lieu to take place
lignée *f.* (line of) descendants, lineage
lisière *f.* edge (of a field or forest)
littoral *m.* seaside, coast, coastline
location *f.* rent(ing)
    en locations meublées furnished rental
        units
logement *m.* lodging, housing
loi *f.* law
    projet de loi bill
lointain, -e distant, remote, far-off
loisirs *m. pl.* leisure time
longueur *f.* length
    à longueur de throughout
lutte *f.* fight, struggle
luxe *m.* luxury
lycéen, -enne *m., f.* secondary-school student

m² (*abbrev. for* mètre carré) square meter
magasin d'alimentation *m.* grocery store
main-d'œuvre *f.* manpower
maire-à-tout-faire mayor and jack-of-all-trades
maïs *m.* corn
mangeur *m.:* juste mangeur careful eater
manifestation *f.* demonstration, protest
mannequin *m.* (fashion) model
manœuvre *m.* (unskilled) worker
marché *m.* market
marin *m.* sailor
marque *f.* brand; mark
    invité, -e de marque special guest
matriarcat *m.* matriarchy
médiéval, -e medieval (*m. pl.* médiévaux)
se méfier de to be on one's guard
mégalopolis *m.* very large city
mélange *m.* mixture
même: à meme de able (to do something)
mener to lead
menu, -e slender, tiny
mercerie *f.* haberdashery
mère patrie *f.* mother country

merveilleux, -euse marvelous

métissage *m.* crossbreeding

métrage *m.* length; footage

    court métrage short film

    long métrage full-length film

mètre *m.* meter

    mètre carré square meter

metteur en scène *m.* film director

mettre sous séquestre to embargo

mettre un terme à to put an end, a stop to (something)

meublé, -e furnished

    en location meublée furnished rental apartment

miel *m.* honey

mille *m.* mile

minier, -ière mining

mise en valeur du fleuve *f.* harnessing of the river's waterpower

misère *f.* poverty

moins less

    à moins de prendre short of taking

mondial, -e worldwide

moquette *f.* carpeting

mot *m.:* **mots de circonstance** words suited to the occasion

mouvoir to move

moyenne *f.* average

    en moyenne on the average

mutiler to mutilate

naissance *f.* birth

natal, -e native

natation *f.* swimming

natte *f.* braid (of hair)

négritude *f.* black consciousness

nerf *m.* nerve

nettement clearly, distinctly

névrose *f.* neurosis

niché, -e nestled

niveau *m.* level

nombril *m.* navel

non-fumeur, -euse *m., f.* nonsmoker

notaire *m.* lawyer

nourrir to nourish

Nouvelle Ecosse *f.* Nova Scotia

noyade *f.* drowning

obtenir to obtain

office *m.* religious service

officiant *m.* officiating priest

or *m.* gold

or however; yet

ordures *f. pl.* garbage

orphelin, -e *m., f.* orphan

osseux, -euse bony

otage *m.* hostage

outre: en outre in addition to, besides

Outre-Atlantique across the Atlantic

outre-mer overseas

ouverture *f.* opening

ouvrage d'art *m.* work of art

pacifiquement peacefully

palace *m.* luxury hotel

palais *m.* palace

palmier *m.* palm tree

se pâmer to faint, swoon

pancarte *f.* billboard, sign

panne *f.:* **tomber en panne** to have engine trouble

papillon *m.* butterfly

parc de stationnement *m.* parking lot

parcourir to travel through; to cross

parcours *m.* route

parfois sometimes, occasionally

parfum *m.* overtone; scent, perfume

parler *m.* way of speaking; speech

parole *f.* (spoken) word; *pl.* lyrics (to a song)

    avoir le droit à la parole to have the right to speak out

partage *m.* sharing; division

parti *m.* side; political party

    parti pris set purpose, aim

particularité *f.* peculiarity

particulier *m.* private individual

partir to leave

    à partir de from

parvenir (à) to succeed

passeur *m.* smuggler

passionné, -e enthusiastic, impassioned

patois *m.* dialect

patrimoine *m.* heritage

patron, -onne *m., f.* owner, boss

paysage *m.* landscape

pécule *m.* cash incentive

peine *f.:* **à peine** scarcely, hardly

peintre *m.* painter

pelouse *f.* lawn

pénible hard, painful
péripéties *f. pl.* ups and downs (of life); mishaps
périphérie *f.:* **en périphérie de** on the periphery of
permanence *f.:* **en permanence** without interruption; permanently
perruque *f.* wig
personnage *m.* character (in a book, film, play)
petits pois *m. pl.* green peas
phare *m.* lighthouse
phénomène *m.* phenomenon
photographe *m.* photographer
pièce *f.:* **à la pièce** singly, one by one
piller to pillage
piscine *f.* swimming pool
pitoyable pitiable, wretched
pittoresque picturesque
plage *f.* beach
plaisanterie *f.* joke
planifier to plan
se plier (à) to conform (to); to bend
plupart *f.* most; the greater or greatest part of a number
plutôt rather
poêle *m.* heating stove
poêle *f.* frying pan
policier, -ière police, detective
    roman policier detective story
policier-espionnage *m.* spy-detective story
polluer to pollute
posséder to possess
poste (de télévision) *m.* (TV) set
postiche *m.* hairpiece
potasser to pour over; to study
poudrerie *f.* powdery snow *(figurative)*
poursuite *f.* chase, pursuit
pourtant however, nevertheless
pouvoir *m.* power
pratique practical
précaire precarious
prendre to take
    prendre conscience de to begin to understand
    prendre part à to participate in
    s'y prendre to go about doing something; to tackle a problem

preneur, -euse *m., f.* taker
préoccupant, -e worrisome, disturbing
prêter serment to take an oath
prêtre *m.* priest
primordial, -e of prime importance
pris, -e occupied, busy
prise *f.* taking, capture
    prise de conscience awareness, consciousness of
privé, -e private
se priver (de) to deprive oneself (of)
Prix Goncourt *m.* literary prize for best French-language novel of the year
problème *m.* problem
procès *m.* lawsuit; trial
proche close, near
profané, -e profaned, spoiled
profiter de to take advantage of
projecteur *m.* searchlight
projet *m.* project
    projet de loi bill
projeter to project
propos *m.* subject
propre own
propriétaire *m., f.* proprietor, owner
prospère prosperous
protéger to protect
provenant de coming from
psycho-sociologue *m.* psycho-sociologist
publicitaire advertising
    spot publicitaire *m.* (television or radio) commercial
puisque since
puissant, -e powerful

quête *f.* search, quest
quoique whatever
quotidien, -enne daily
quotidien *m.* daily newspaper

rachat *m.* repurchase
racine *f.* root
rafiot *m.* skiff (type of sailboat)
ramper to crawl
rang *m.* rank; row
ranimer to rekindle, revive
rassemblement *m.* crowd, gathering

rater to fail; to ruin
se rattacher à to be tied to
ravi, -e delighted
ravitailler to bring fresh provisions, supplies
raviver to revive
rayon *m.* department (in a store)
raz de marée *m.* tidal wave
réagir to react
réalisateur, -trice *m., f.* (film) producer
réaliser to carry out
réapparaître to reappear
rebuter to rebuff, discourage
récemment recently
récepteur *m.* TV set
recette *f.* (monetary) returns
reconduire to escort someone back
recueil *m.* collection (of poems, etc.), anthology
rediffusion *f.* repeat broadcast
redouter to dread, fear
redresser to reestablish
réduire to reduce
se réfugier to take refuge; to find shelter
regagner to get back, return to one's home
régal *m.* feast
règlement *m.* regulations, rules
régler to regulate
rejeter to cast up, throw back
rejoindre to join
relancer to give new impetus
relever to pick up
relier to connect, tie
se remémorer to remember
remise *f.* presentation (of an award)
remporter to win, gain
rémunéré, -e paid
renouveau *m.* renewal; rebirth
renouvellement *m.* renewal
rénové, -e renovated, restored
renvoi *m.* return, sending back
se répandre to spread
repère *m.* landmark
reprise *f.* repossession, recovery
   contrat reprise repossession contract
   à quelques reprises at various times
rescapé, -e *m., f.* survivor
réseau *m.* network
résoudre to solve; to resolve

se résoudre to make up one's mind
responsable *m.* director
ressentir to feel
ressusciter to resuscitate, revive
restaurant d'entreprise *m.* company restaurant
restaurateur, -trice *m., f.* restaurant manager or owner
reste *m.:* **un reste de mode** a trace of fashion
retaper to touch up; to repair
retour *m.* return
retrancher to cut off, cut out
retransmission *f.* broadcast
rétro *m.* nostalgia
réunion *f.* meeting, gathering
réunir to unite, bring together
réussite *f.* success
revanche *f.* revenge
   en revanche on the other hand
revendiquer to demand
rêver to think, dream
revue *f.* magazine
ride *f.* wrinkle
rien *m.* trifle; just a little
river to rivet
rocailleux, -euse gravelly
roman *m.* novel
rompre to break; to break in, train
rond, -e round; full
   tout rond whole
rosée *f.* dew
roux, rousse red-headed
rude rugged

sable *m.* sand
sage well-behaved
sagouine *f.* raggedy old lady
sain, -e healthy
salle d'attente *f.* waiting room
salut *m.* well-being; salvation
sang-froid *m.* composure
sanglot *m.* sob
satisfaire à to satisfy
sauf except
sauter: faire sauter la banque to break the bank

sauvage savage, wild
saveur *f.* taste, flavor
savourer to enjoy, relish
scénario *m.* script
scrutin *m.* poll; ballot vote
   tour de scrutin ballot
séjour *m.* stay
   (salle de) séjour living room
selon according to
semailles *f. pl.* sowing
sensible sensitive
séquestre *m.* sequestration
   mettre sous séquestre to sequester
sequestrer to sequester, confine
sérigraphie *f.* silk screen
serment *m.:* **prêter serment** to take an oath
sévir to rage, be rampant
siècle *m.* century
siège *m.* seat
singer to ape, mimic
sinon if not
ski *m.* skiing
   ski nautique water-skiing
soit... soit... whether . . . or . . .
solliciter to request (a favor)
sommet *m.* top, summit
sondage *m.* (opinion) poll
sort *m.* fate
souci *m.* concern, regard
soudain(ement) suddenly
souèr *m.* evening *(regionalism)*
souffler to breathe
souffrir to suffer
souhaiter to wish
soulever to rouse
souligner to underline, emphasize
soumission *f.* submission
souper to have supper
sous-continent *m.* subcontinent
sous-développement *m.* underdevelopment
souterrain, -e subterranean, underground
spontané, -e spontaneous
spot publicitaire *m.* commercial
statistiques de l'emploi *f. pl.* labor statistics
stimuler to stimulate
studio *m.* studio apartment
stupéfiant *m.* drug
subir to undergo, endure

subordonné, -e dependent upon
se succéder to follow one another
suffir to suffice, be sufficient
suffisamment sufficiently
sujet *m.* subject
   au sujet de about
superflu, -e superfluous
supermarché *m.* supermarket
supplique *f.* supplication, pleading
supporter to endure, stand
supprimer to cancel; to suppress; to abolish
surgelé *m.* frozen food
surmonter to surmount, overcome
surnaturel, -elle supernaturel
surnommer to nickname
surpeuplé, -e overpopulated
surprenant, -e surprising
survie *f.* survival
survivre to survive (*p.p.* **survécu**)
susciter to raise up; to create
suspect, -e suspicious
syndicat *m.* labor union

tâche *f.* task, chore
taille *f.* size, stature, height
se tailler une place to cut out a place for oneself
tambour *m.* drum
tandis que while
teint *m.* complexion
tel, telle such
téléviseur *m.* TV set
témoigner (de) to bear witness to; to prove, show
tendance *f.:* **avoir une tendance** to have a tendency
tenté, -e tempted
tenter to try, attempt
tenture murale *f.* wallpaper
terme *m.:* **mettre un terme à** to put an end, a stop to (something)
terne dull, drab
terre *f.* earth
   terre à terre down-to-earth
tirer deux coups to fire two shots
titre *m.:* **au même titre que** in the same vein as, along the same lines as
toit *m.* roof

tomber en panne to have engine trouble
tonton macoute *m.* terrorist police
tour *m.:* **faire un tour** to take a trip
tourner to produce, shoot (a film)
tout au long throughout
toutefois nevertheless, all the same
tout juste all but
tout rond whole
traduction *f.* translation
traduire to translate
traînant, -e drawling
trait *m.:* **avoir trait à** to refer to
traiter to treat
traiteur *m.* caterer
trajet *m.* trip, drive
travers: à travers throughout
tribu *f.* tribe
trôner to occupy a place of honor; to lord it over
se trouver to happen
   il se trouve que it happens, turns out (that)
tuyau *m.* pipe; tube

s'urbaniser to become urbanized

vacancier *m.* vacationer
va-et-vient *m.* coming and going
vague *f.* wave
vaincre to defeat (*p.p.* **vaincu**)
vainqueur *m.* winner

variétés *f. pl.* variety show
vaudouesque pertaining to voodoo
vedette *f.* (film) star
   en vedette featured
vélomoteur *m.* motorbike
vendre au détail to sell retail
vente *f.* sale
   vente ferme firm sale
verdure *f.* greenery
véritable true, real
vers *m.* (lines of) verse
versé, -e paid
vif, vive bright
   bleu vif bright blue
vin d'honneur *m.* honorary reception at which wine is served
viser to aim
viticole grape-growing, viticultural
vivoter to live miserably; to barely get by
vocation *f.* vocation
   vocation culturelle cultural bent, leaning
voie *f.* way; track
   en voie de in the process of
voilier *m.* sailboat
volcan *m.* volcano
volonté *f.* will, desire
vue *f.:* **en vue de** with a view to, for the purpose of

yaourt *m.* yogurt